Rolf Waldvogel

WORTSALAT
mit Wurstersoße

Rolf Waldvogel

WORTSALAT
mit Wurstersoße

Sprachplaudereien aus der
Schwäbischen Zeitung

mit Illustrationen
von Tanja Hanser

Schwäbische Zeitung
Verlag Robert Gessler

© Verlag Robert Gessler, Friedrichshafen 2009
Alle Rechte vorbehalten
Illustrationen: Tanja Hanser, Ulm
Herstellung: Bodensee Medienzentrum, Tettnang
Bindearbeiten: Walter, Heitersheim

ISBN: 978-3-86136-118-3

Inhalt

Vorweg gesagt: Sprache lohnt jede Mühe   8

Wortsalat mit Wurstersoße   11

Wer bindet uns hier Bären auf?   13

Vatikan kommt nicht von Vati   15

Wenn das Trapez aufs Tablett kommt   17

Ovationen können nicht stehen   18

Warum Olympiade heute richtig ist   19

Die Marquise und der Murlepuff   21

Wir lassen's beim Alten   23

Was Wörter von Worten unterscheidet   25

Wie man sich verfranzen kann   26

Scheinbar macht *anscheinend* Probleme   28

Der Teufel steckt im Detail   29

Je länger, umso lieber   31

Warum die schwachen Verben so stark sind   33

Dies ist ein Plädoyer für *dieses*   35

Lese ich *taff,* bin ich baff   36

Weswegen es nicht *wegen dem* heißt   38

Weil das ist kein gutes Deutsch   40

Kein Grund zum Totärgern   42

Warum man bei *Trab* auf Trab sein muss   43

Wenn Banker auf der Bahre liegen   45

Wer lädt hier wen wozu ins Zelt?   47

Da möchte man doch auf der Sau naus   49

Im Standarddeutsch hat *nix* nichts verloren   51

Wer denkt da schon an Schnepfenjäger!   53

Schlag nach bei Moses!   55

Wie uns die Berliner einen Bären aufbinden   57

Selbst-Erkenntnis ist der erste Schritt   58

Aus den Teelern in die Beage   60

Gegen den Hochmut hilft nur die Demut   61

Warum sich *Topfotograf* so schlecht liest 63

Eine Alternative ist manchmal keine 64

Ein Paket ist keine Petersilie 65

Ein Fußballspiel ist kein Papstbegräbnis 67

Wie das Blaukraut zu Rotkohl wird 69

Von Niesern, Nutznießern und Nieselpriemen 71

Toter als tot kann man nicht sein 73

Der Streit um Kaisers Brezel 75

Ist *krottenfalsch* grottenfalsch oder *grottenfalsch* krottenfalsch 77

Korsos sind keine Korsen 79

Kein Wintersport in Mekka 81

Wenn das Christkind zur Säge greift 83

So *was von* ist so was von salopp 85

Wie ist die werte Befindlichkeit? 86

Warum Martin Luther Thomas Mann schlägt 88

Von Gugeln, Guggen und Gelbfüßlern 89

Wenn das Runde ins Eckige soll 91

Wie man sich selbst erschreckt 93

Bald gras ich an der Neckar 95

Der Honoratior mit dem Hosenträger 97

Heimlicher als heimlich geht nicht 99

Warum *Wellness* nicht im Lexikon steht 101

Was hat der Papst mit Rauschgift zu tun? 103

Vom Portepee zum Pumpernickel 105

Neue Denke sorgt für neue Schreibe 107

Ich habe dich/Dich zum Fressen gern 108

Nicht wirklich ist wirklich nicht nötig 110

Ehekrach im Himmelbett 111

Bei uns wird man nicht gekündigt 113

Der Ungar und das Ungare 115

Im 2fel für die Sprachkultur 116

Wer andenkt, muss auch nachdenken 118

Wenn der Admiral zur Tasse greift 120

Kniefall vor Knuddelknut 122

Ist die Maß nicht voll, ist das Maß voll   124

Der Muckefuck ist jugendfrei   126

Grün ist, wo das Herz schlägt   127

Da geht die E-Mail ab   129

Von Menschern und Mitgliederinnen   131

Warum dieselbe Frau nicht die gleiche ist   133

Die Maultasche und ihr Innenleben   135

Der Sumelozenner blieb uns erspart   137

Warum sollte man China loben?   139

Von der Ranz bis zur Rausche   141

Der oder die, das ist hier die Frage   143

Burenkrieg in Oberbayern   145

Dot, Dot, Komma, Strich   147

Wir können alles außer dem Komparativ   149

Ihrer Taten schwarzes Bild   151

Bei *ganz* heißt es ganz gut aufpassen   153

Das war's. Und tschüss!   154

Register   156

Vorweg gesagt:
Sprache lohnt jede Mühe

„Deitsche Sprack, schwäre Sprack, vor allem die Betonierung!" So soll einmal ein Ausländer gestöhnt haben, der mit unserem Idiom überhaupt nicht zurechtkam. Nun haben wir Deutsche mit der Betonierung weniger Schwierigkeiten. Wie unsere Wörter betont werden, lernen wir normalerweise von Kindesbeinen an durchs Hören. Aber beim Sprechen und Schreiben unserer Muttersprache bleiben genug Fallstricke, in denen man sich ein Leben lang verheddern kann. Hier den Lesern ein klein wenig zur Hand zu gehen, war von Anfang an die Absicht der Sprachplaudereien in der Schwäbischen Zeitung und ist es nun auch bei diesem Buch mit seinen 80 Geschichten und einem Register.

Zur Initialzündung für die Kolumne wurde eine Diskussion in der Redaktionskonferenz Anfang 2006: Ist *Olympiade* nun ein anderer Begriff für Olympische Spiele oder meint man damit nur den Zwischenraum zwischen den Olympischen Spielen? Der Fall lag komplizierter, als es zunächst aussah – und schon war da ein Klärungsbedarf, der auch für die Abonnenten der Zeitung interessant sein konnte. Erste spontane Reaktionen aus der Leserschaft machten Mut, aus der Not eine Tugend zu machen.

Sprache ist ein hochkomplexes Gebilde, selten logisch, ständig im Fluss – und immer umstritten. Denn jeder spricht und glaubt deswegen, bei Sprache mitsprechen zu können, was die Sache nicht gerade vereinfacht. SZ-Serie wie auch Buch nehmen also die verschiedensten Aspekte beim Nachdenken über Sprache auf. Natürlich geht es um Rechtschreibung, und hier war die 2006 nach erbittertem Streit und diversen Korrekturen endgültig in Kraft getretene Reform alles andere als hilfreich. Was sich die Anwender – etwa die Journalisten – von ihr sehnlichst erwartet hatten, nämlich die Beseitigung von unsinnigen Spitzfindigkeiten, vor allem bei der Groß- und Kleinschreibung sowie bei der Getrennt- und

Zusammenschreibung, trat nicht ein. Ist ein Schüler *sitzen geblieben* oder *sitzengeblieben*? Heute geht beides durch. Da drängt sich eines auf: Auch die Reformer haben ihr Klassenziel nicht erreicht. Mit einer schlimmen Konsequenz. Viele Deutsche scheren sich heute leider entschieden weniger um eine korrekte Schreibung als vor der Reform. Hier die Sinne zu schärfen und beim Gegensteuern zu helfen, ist ein Anliegen von Serie und Buch.

Vieles blieb von der Reform unbehelligt und bietet dennoch Stoff zur Diskussion – ob Fragen der Schreibweise oder der Grammatik. Dazu kommt das weite Feld der Bedeutung. Wie wandeln sich Wörter, worauf gehen Redensarten zurück, wie kommen Sprachmoden auf, welche Rolle spielen Dialekte, welchen Einfluss haben Werbeslogans, Politikerjargon und Amtsdeutsch, aber auch fremde Sprachen – vor allem Englisch als Weltsprache? Dass viele der Plaudereien zudem Sprachgeschichte spiegeln, hat seinen Grund: Zum einen spielen hier hochinteressante kulturhistorische Gegebenheiten mit hinein. Zum anderen bedeutet die Beschäftigung mit der Herkunft der Wörter auch eine Art Bestandssicherung. Wenn man nicht die Erinnerung daran wach hält, was ein *Hagestolz* ist (ein alter Junggeselle) oder ein *Hahnrei* (ein betrogener Ehemann), dann lässt sich ältere Literatur irgendwann kaum mehr verstehen.

Umgekehrt muss man sich mit neuen Wörtern auseinandersetzen. Wenn etwa plötzlich überall von *Biopics* die Rede ist, kann Aufklärung nicht schaden. Die USA haben uns unlängst dieses Kunstwort aus *biography* (Lebensgeschichte) und *epic* (Filmepos) geliefert, und verführerisch griffig, wie es ist, wird es uns wohl als spezielle Bezeichnung für Filme nach Biografien berühmter Persönlichkeiten erhalten bleiben. Dass man andererseits bei Anglizismen nicht jede Mode mitmachen muss und etwa den inflationären Gebrauch von *standing ovations* oder – noch schlimmer – von *stehenden Ovationen* für einen ausgemachten Blödsinn halten kann, soll hier angemerkt sein. Den Anspruch, immer die Wahrheit und nichts als die Wahrheit zu verkünden, haben Serie und Buch allerdings keineswegs. Dazu ist die Materie viel zu schillernd und widersprüchlich.

Bleibt noch, Dank zu sagen. Zunächst dem Verlag Robert Gessler in Friedrichshafen, der sich spontan und gerne bereit erklärte, die Sprachplaudereien in Buchform aufzulegen, sowie dem Bodensee-Medienzentrum in Tettnang, das hocheffizient und reibungslos für die technische Herstellung sorgte. Sehr erfreulich war auch die Zusammenarbeit mit der Illustratorin Tanja Hanser aus Ulm, die die Grundidee, manches in diesem Buch nicht gar so ernst zu sehen, bereitwillig aufnahm und mit Charme und lockerem Strich umsetzte.

Dank ist zudem den SZ-Lesern geschuldet, die sich im Lauf der Jahre unermüdlich mit ihren Anregungen meldeten und den Anstoß für viele der Plaudereien gaben. Dass manche ihrer Vorschläge nicht sofort abgearbeitet wurden oder vielleicht auch gar nicht, mag sie betrübt haben. Dafür sei bei der Fülle der Einsendungen um Verständnis gebeten.

Dank gilt schließlich im Voraus all den Lesern dieses Buches. Wenn sie die Lektüre als Ansporn nehmen sollten, immer und überall eine Lanze für einen pfleglichen Umgang mit unserer Sprache zu brechen, so wäre es wunderbar. Denn sagen wir es in Abwandlung des Eingangszitates: „Deitsche Sprack, scheene Sprack". Und da lohnt sich doch jede Mühe.

Rolf Waldvogel

Wortsalat
mit Wurstersoße

Was hat man sich vor rund 50 Jahren über die *Wurstel con Krauti* schief gelacht, jenen rührenden italienischen Versuch, den ersten deutschen Gästen nach dem Munde zu reden – und zu kochen! Aber auch mit zunehmendem Tourismus sind solche Verballhornungen nicht verschwunden. Im Gegenteil. Gerade in letzter Zeit haben einige Bücher solche *Übelsetzungen*, sprich: Sprachpannen aus aller Welt aufgespießt. Eine herrliche Nonsensparade!

Jeder kennt ja selbst solche Schnitzer: Unvergessen ist das Gericht, mit dem man einst nach einem vierstündigen Marathon durch die Vatikanischen Museen beim erstbesten Lokal gegenüber seinen Heißhunger stillte: *Brelte Bandnu delmit flaissos* stand da auf der Speisekarte – eine recht eigenwillige Übersetzung von *Tagliatelle alla bolognese*. Oder etwas aus der französischen Abteilung: *Provencale Gebraten Rindfleish mit Shmelzend Kartofeln* – in einem Restaurant im Languedoc entdeckt – ist als Menü auch nicht ohne. Da muss man doch einfach dahinshmelzen. Und eines Tages kam eine Kollegin aus Madeira zurück: *Ein erlebnis das zurückprallen örtlichkeit pfege und erbschaft* hatte ihr der Hotelprospekt volltönend versprochen. Zurückgeprallt war wohl nichts, man hatte lediglich den Gästen das *lokale Kulturerbe* näher bringen wollen…

Nun sollten wir uns allerdings jede Schadenfreude verkneifen, denn solchen Wortsalat gibt es auch hierzulande – nicht zuletzt durch falsche Übersetzungen. Groß war die Aufregung über einen Café-Besitzer in einer badischen Kleinstadt, als er einst mit Blick auf die wachsende Zahl ausländischer Besucher seine Speisekarte übersetzte und den *Negerkuss* zum *Nigger Kiss* machte. Nach lautstarken Protesten musste er die Karte einstampfen lassen, wobei dann auch die *Schiller Curls* verschwanden – so hatte er seine *Schillerlocken* kurzerhand umgetauft. Was Amerikanern eh wenig gesagt hätte. Denn wie hatte einst die Sex-Diva Jayne Mansfield bei ihrem ersten Deutschlandbesuch auf die Frage: „Do you like Schiller?" geflötet? „Yes, he is a very nice man."

Aber auch Hörfehler oder Unwissenheit sorgen für seltsame Neuschöpfungen. In einem Berliner Kaufhaus wurden unlängst *Geniepullover* angepriesen. Dabei ging es jedoch nicht um Wollwaren für kleine Einsteins, sondern irgendjemand hatte das Wort *chenille* falsch verstanden, eine spezielle Textilart, benannt nach dem französischen Wort *chenille* = *Raupe*. Einer Fehlinterpretation saß einmal ein Küchenchef auf, der *Pastetchen mit Wurstersoße* anbot – das *Worcester* in *Worcestersauce* spricht sich zwar wie *Wuster* aus, aber mit *Wurst* oder *Wurster*, wie man mancherorts den Metzger nennt, hat dieses raffinierte Gebräu aus England nichts zu tun. Und dann noch ein schönes Beispiel aus der Schwäbischen Zeitung: Als vor Jahren ein großer Gartenmarkt eröffnet wurde, prangte auf der Extraseite folgendes Sonderangebot: *Da geht es ab 75 Pfennig.* Was da abging, erschloss sich erst nach längerem Nachdenken: Die Anzeige war telefonisch durchgegeben worden, und angepriesen werden sollten *Tagetes*, also Studentenblumen ...

Wer bindet uns
hier Bären auf?

So viel Bär war nie wie in den letzten Jahren. Deswegen erging sich die schreibende Zunft in Zeiten von Knut, Flocke und Wilbär auch so gerne in bärigen Metaphern. *Jemanden einen Bärendienst erweisen* war dabei besonders beliebt. Gemeint ist eine Hilfeleistung, die sich ins Gegenteil verkehrt. Aber was hat das mit Bären zu tun? Die Erklärung liefert eine Fabel von La Fontaine aus dem 17. Jahrhundert: Da freunden sich ein alter Mann und ein Bär an. Als der Greis im Garten schläft, setzt sich eine Fliege auf sein Gesicht. Der Bär wirft einen Stein nach ihr, um den lästigen Quälgeist zu töten – und bringt dabei auch den guten Mann um…

Damit fällt der Blick auf eine Anzahl von sehr gebräuchlichen Redensarten, die mit Tieren zu tun haben, deren Sinn sich aber heute nicht mehr unbedingt erschließt. Warum vergießt jemand *Krokodilstränen*? Im Mittelalter war man der festen Meinung, dass Krokodile herzzerreißend weinen, um damit Menschen anzulocken und sie dann besser fressen zu können. *Das Hasenpanier ergreifen* ist ein Ausdruck, den schon Martin Luther benutzte. Panier – ein altes Wort für Banner – nennt man das Schwänzchen des Hasen, das er bei der Flucht hochreckt. *Das geht auf keine Kuhhaut* sagt man, wenn etwas in unangenehmer Weise jeden Rahmen sprengt. Hintergrund ist der feste Glaube unserer Altvorderen, dass alle Sünden eines Menschen von Teufeln fein säuberlich auf Pergament aufgeschrieben und dann beim Jüngsten Gericht vorgetragen wurden. Und auf ein großes Stück Pergament aus Kuhhaut passten eben besonders viele Vergehen. Wenn einer *einen Bock schießt*, dann hat er einen Fehler gemacht. Angeblich geht der Ausdruck jedoch auf einen pommerschen Edelmann zurück, der eine Schnepfe schießen wollte, dann aber stolperte und einen Ziegenbock erwischte…

Die Tier-Metaphorik böte noch Stoff zuhauf: Warum ist eigentlich jemand *hundsgemein*, warum lacht einer – wie der Schwabe gerne sagt – *katzendreckig*? Und sind eigentlich Hühner wirklich so *dumm*, wie man sie sprichwörtlich macht?

Apropos dumm: La Fontaines Fabel „Der Bär und der Gartenfreund" endet: „Nichts bringt so viel Gefahr uns wie ein dummer Freund, weit besser ist ein kluger Feind." Stimmt das wirklich? Oder hat er uns hier *einen Bären aufgebunden*?

Vatikan kommt
nicht von Vati

Auch Radiosprecher haben das Recht, nicht aus dem Landstrich zu stammen, in dem sie ihrem Broterwerb nachgehen. Allerdings fällt es manchmal auf. Etwa wenn einer beim morgendlichen Verkehrsfunk von einem Stau bei *Villingen* im Schwarzwald redet, es aber ausspricht wie *Willingen* im Sauerland. Aha, ein Reigschmeckter, sagt da der Schwabe. Aber eigentlich hat er gar keinen Grund zur Überheblichkeit. Denn gerade hierzulande kann man schon mal jemand einen Satz aussprechen hören wie „Ferena spielt firtuos auf dem Klafier". Was natürlich auch falsch ist.

Zur Klarstellung: In allen Wörtern, die aus dem Deutschen stammen, spricht man das geschriebene *V* (das *Vogel-Vau*) mit einem *f*-Laut: also bei *Vogel*, aber auch bei *Vater, Vetter, Verband, verrückt, Vieh, viel, Viertel, Volk, voll, vom, Vorhang, Vorzeit.* Der *f*-Laut ist überdies die Regel bei einigen Fremdwörtern, die häufig gebraucht werden: *Vers, Larve, Nerv.* Aber damit es nicht zu einfach wird, gleich wieder eine spitzfindige Unterscheidung: Die von *Nerv* abgeleiteten Adjektive werden verschieden ausgesprochen: *nervös* mit dem *w*-Laut, *nervig* normalerweise mit dem *f*-Laut – das Suffix *-ös* stammt eben aus dem Lateinischen, das Suffix *-ig* aus dem Deutschen.

Ein Beispiel für diesen Wandel durch die Angleichung an eine andere Sprache ist übrigens auch das *Veilchen*. Wir sprechen es heute mit *f*. Aber eigentlich kommt es von lateinisch *viola* mit *w*, und bei dem damit verwandten *violett* sind wir auch beim *w* geblieben. Ebenso bei der *Violine*, die gleichfalls mit *viola* zusammenhängt. Womit wir bei der anderen wichtigen Regel wären: Die meisten aus fremden Sprachen ins Deutsche gelangten Wörter sprechen sich mit einem *w*-Laut: *Vakuum, Vampir, variabel, Vase, Vegetarier, Verb, vibrieren, Vikar, Villa, Viper, Visite, Visum, Volt, Votum, vulgär, Vulkan.* Bei *Vize* darf man allerdings beides sagen

– einmal klingt es also wie *Wize*, einmal wie *Fize*. Und auch bei Liechtensteins Hauptstadt *Vaduz* sind beide Varianten gestattet. Bei den Städten *Vechta* und *Verden* regiert dagegen wieder nur der *f*-Laut. Jedoch nicht beim *Vatikan*. Also von wegen *Fatikan*, wie viele meinen! Mit dem *heiligen Vater* hat das nichts zu tun, und schon gar nichts mit *Vati*... Dieser Kalauer drängt sich hier auf, *Ferzeihung*!

Wenn das Trapez
aufs Tablett kommt

Fremdwörter sind Glücksache, sagt man. Und lang ist die Reihe der Peinlichkeiten, die einem sofort einfallen: Wenn jemand von der Heilkraft der chinesischen *Interpunktion* spricht. Wenn einer sich aufregt, weil in der Wohnung über ihm wüste *Orchideen* abgehen. Wenn ein Politiker von einer *konzentrierten Aktion* faselt. Wenn die Schwiegermutter klagt, dass sich die Schwiegertochter nicht *intrigieren* lässt. Wenn ein Student von seinem *eremitierten* Professor erzählt. Wenn eine Dame damit angibt, dass sie sich ihre *Genitalien* auf der Handtasche eingravieren ließ... Solche Beispiele sind *Lektion* – pardon, *Legion*.

Dabei gibt es ein hilfreiches Gegenmittel: Man benutzt ein Fremdwort nur, wenn man genau weiß, was es bedeutet. Ein schönes Beispiel: *etwas aufs Tapet bringen*. Hier kursieren seltsame Fehldeutungen. Da wird *etwas aufs Trapez gebracht*, oder *aufs Tablett*, oder *auf die Tapete*. Wobei man bei *Tapete* wenigstens von der Richtung her richtig liegt. Denn das Fremdwort *Tapet* kommt von lateinisch *tapetum*, was so viel heißt wie *Decke* oder *Teppich* und außerdem die Wurzel unserer Wörter *Tapete* und – auf dem Umweg über französisch *tapis* (Teppich) – auch *Tapisserie* ist. Das lateinische *tapetum* seinerseits geht auf griechisch *tapes* zurück, das wohl aus dem alten Orient stammen dürfte. Da hat man halt schon immer die schönsten Teppiche geknüpft. Und nun zurück zum *Tapet*: So nannte man einst die Decke eines Konferenztisches. *Etwas aufs Tapet bringen* heißt also einfach, ein Thema bei einer Konferenz auf den Tisch und damit zur Sprache bringen.

Das musste jetzt auch mal zur Sprache gebracht werden. Und wenn einer das Wort *Tapet* künftig falsch gebraucht, wird er standrechtlich *exhuminiert* oder *exerziert* oder *exhaliert* oder *exorziert* oder *exekutiert* – oder wie auch immer das heißt.

Ovationen können
nicht stehen

Auftritt Karl Dall bei der Buchmesse: „Nach meinen Lesungen ist es eine schöne Sitte, dass man *ovatiert*, aber bitte *standing!*" Was der Anarcho-Komiker hier leichthin veralberte, ist eine seit geraumer Zeit grassierende sprachliche Unsitte. Deutsche Nachschlagewerke der siebziger Jahre kannten die *standing ovations* noch gar nicht. Irgendwann kam das englische Fremdwort für einen begeisterten Applaus dann zu uns, wurde als besonders toll empfunden, und so führte das plötzlich allüberall zu *standing ovations* – nach dem Konzert, bei der Filmpremiere, in der Oper, auf dem Parteitag...

Nun ist das unnötige Fremdwort allein schon ein Ärgernis. Aber die Übersetzung stört noch mehr. „Am Schluss gab es *stehende Ovationen*" ist heute schon eine Allerweltsformulierung, allerdings eine zweifelhafte. In Englischen heißt dieses *standing* ja nicht nur *stehend*, sondern auch *anhaltend, andauernd*, wodurch eine andere Bedeutung anklingt. Aber im Deutschen ist es eindeutig: Nicht die Ovationen stehen, sondern die Leute, die sie spenden!

Wenn man den *Beifall im Stehen* meint, so sollte man das auch genau so sagen. Und übrigens spräche nichts gegen *Stehbeifall*. Es gibt ja auch den *Stehempfang*, also den *Empfang im Stehen*, und den *Stehkonvent*, scherzhaft für ein *Stelldichein im Stehen*. Hauptsache, man steht.

Übrigens standen die Leute bei Karl Dalls Buchpremiere nicht. Sie blieben sitzen, aber sie *ovatierten* – pardon, sie spendeten Beifall.

Warum *Olympiade* heute richtig ist

„Heute Abend schaue ich noch ein bisschen Olympiade", sagt der Sofasportler und lehnt sich zurück. *Olympiade?* Bildungsbürger zucken sichtlich zusammen. Sie halten das für falsch – aber, mit Verlaub, sie liegen selbst falsch. Der gute, alte Brockhaus von 1971 schrieb es zwar noch klipp und klar fest: *Olympiade* = 1) bei den Griechen der Antike ein Zeitraum von vier Jahren, nach dem sich die Feier der Olympischen Spiele wiederholte, 2) fälschlich für die Olympischen Spiele. Aber der Duden hat schon vor einigen Jahren umgedacht und kippte ins Gegenteil: *Olympiade* = Olympische Spiele (selten: Zeitraum zwischen den Spielen). So steht es da nun, basta.

Was ist passiert? Geschwollen ausgedrückt, wirkt hier die „normative Kraft des Faktischen". Das heißt in diesem Fall: Da wir unsere Zeit nicht mehr über den Zwischenraum zwischen zwei Olympischen Spielen messen wie in der Antike, genauer: zwischen 776 vor Christus und 393 nach Christus, verliert das historische Wort für uns immer mehr an praktischer Bedeutung. *Olympiade* ist zudem kürzer als *Olympische Spiele* – was der Sprachökonomie, sprich: unserer Mundfaulheit entgegenkommt (und den Journalisten bei der Suche nach griffig-knappen Titeln). Wenn aber immer mehr Leute von *Olympiade* reden, obwohl sie eigentlich die *Olympischen Spiele* meinen, so gleicht sich der Sprachgebrauch irgendwann an. Die Duden-Redaktion trägt dann dieser Entwicklung nach einer gewissen Wartezeit wohl oder übel Rechnung und erhebt die Fakten, die von einer Mehrheit geschaffen wurden, zur allgemein gültigen Norm.

Das mag mancher zutiefst bedauern, aber so ist das eben mit der Sprache – auch wenn manchmal die Logik auf der Strecke bleibt. So sind bei Olympischen Winterspielen andauernd irgendwelche Skiläufer, Rennrodler, Bobfahrer oder Eisflitzer in *rasanter*

Fahrt unterwegs. Auch dieses heute sehr gängige Wort war früher einmal bei sprachbewussten Zeitgenossen total verpönt, weil es mit *rasend* überhaupt nichts zu tun hat. *Rasant* kommt von französisch *raser* = *scheren*. Es wird normalerweise in der Ballistik für ein Geschoss gebraucht, das „flach über den Boden hinwegstreicht", und es steckt natürlich in unserem Wort *rasieren*, also den Bart abschneiden. Aber es klingt halt so ähnlich wie *rasend*, was ausreichte, um von der breiten Masse lustvoll in unseren Wortschatz einverleibt zu werden. Und solche Prozesse gehen *rasant* schnell.

Die Marquise
und der Murlepuff

Die Etymologie, also die Wissenschaft von der Herkunft der Wörter, kommt oft auch mal an ihre Grenzen. Sprich: Manche Begriffe lassen sich partout nicht eindeutig herleiten. Ein schönes Beispiel ist *die/das Schorle*. Eine gängige Erklärung führt das Wort auf die Zeit der napoleonischen Kriege auf deutschem Boden zurück. Damals haben die französischen Soldaten angeblich der Not gehorchend den Wein mit Wasser gestreckt, und aus ihrem Trinkspruch *Toujours l'amour!* (= *Immer auf die Liebe!*) soll *Schorlemorle* kurz *Schorle* entstanden sein. Andere Quellen sprechen dagegen von der Nähe des Wortes zu einem alten südwestdeutschen *schuren* (= *schäumen*). Zudem wird auch ein sprachspielerischer Ursprung nicht ausgeschlossen: Danach sei das zuerst im Bayerischen aufgetauchte Wort *Schurlemurle* eine ähnliche Bildung wie das schon im 16. Jahrhundert für die Gegend von Münster bezeugte *Scormorrium* oder das aus Straßburg stammende *Murlepuff* für schäumendes Bier.

Unklar ist auch die Situation bei *mein lieber Scholli*, einem oft gebrauchten Ausdruck des Erstaunens, aber auch der Anerkennung. Hat es mit dem französischen *joli* (= *hübsch, niedlich, nett*) zu tun? Oder stand ein gebürtiger Hugenotte namens Ferdinand Joly (1765–1823) Pate, der nach einem verkrachten Studium als verschrobenes Original singend, dichtend und schauspielernd durchs Salzburger Land zog? Nichts Genaues weiß man nicht.

Und wenn wir es gerade vom Französischen haben: Vor einiger Zeit stand ein kleines Inserat in einem Anzeigenblatt: „Marquise zu verkaufen, 4 m breit" – ein hübscher Fehler, wenn man die Fantasie spielen lässt. Die *Markise* im Sinn von Sonnendach oder Schutzvorhang schreibt man bei uns natürlich mit *k*. Mit der *Marquise*, also der noblen Dame, hat das Wort allerdings ursprünglich schon zu tun. Hier ist die französische Quelle klar: Bei

Heerlagern wurde über die Zelte von Offizieren, meist Adlige und zum Beispiel im Rang eines *Marquis* zur besseren Unterscheidung vom gemeinen Fußvolk eine zusätzliche Plane gespannt, und daraus machten die Soldaten flugs die *Marquise.* Ob es dann auch zu Damenbesuch kam, wird nicht berichtet. Aber wie war doch noch gleich die Devise? *Toujours l'amour!*

Wir lassen's
beim Alten

Mit dem Genitiv haben die Deutschen bekanntlich ihre Probleme. Aber nicht nur, weil ihn manche mutwillig durch den Dativ ersetzen – trotz dem Sprachgefühl. Für Verwirrung sorgt seit einigen Jahren vor allem der Apostroph, der sich mehr und mehr breit macht – und das meist nicht zum Vorteil. *Empfehlungen des Hause's* steht auf der Schiefertafel vor einer Wirtschaft in einer oberschwäbischen Stadt. Wenn da genauso gut gekocht wird wie getextet, na, dann Mahlzeit, denkt sich der potenzielle Gast – und wendet sich mit Grausen.

Natürlich ist die Schreibweise *Hause's* falsch. Aber der Wirt darf getrost als armes Opfer des anhaltenden und die alten Sprachnormen aufweichenden angloamerikanischen Einflusses auf unsere Sprache gelten. Früher war die Regel klipp und klar: Steht ein Eigennamen im Genitiv, so wird einfach ein *s* angehängt. Also *Gerdas Mutter*, *Adis Kneipe* oder *Brechts Dramen*. Ein Apostroph war nur nötig, wenn der Name auf *s* endete, also *Günter Grass' Erfolgsroman* oder *Karl Marx' Gesellschaftstheorie*. Aber irgendwie müssen die Deutschen einen Narren an Konstruktionen wie *Rick's Bar*, *Lara's Theme* oder – ohnehin leider stilbildend – *McDonald's* gefressen haben, die sie über Film, Fernsehen, Literatur, Medien und den *american way of life* schlechthin kennen lernten. Vor allem in der Gastronomie und im Geschäftsleben gilt der angelsächselnde Apostroph heute als todschick – von *Eva's Pilsstube* bis zu *Adam's Hosenladen*.

So hat – wen wundert's – auch der Duden reagiert, um nicht zu sagen kapituliert: Wolle man „die Grundform eines Namens verdeutlichen", so könne man den Apostroph setzen, steht da jetzt. Sein Beispiel: *Willi's Würstchenbude*. Schreibt dann einer *Metzger's + Imbiss Lädele*, wie just ein paar Meter neben jener besagten oberschwäbischen Wirtschaft entdeckt, dann hat er halt was falsch verstanden. Das tut zwar weh, aber wir müssen künftig wohl leider mit solchen kollateralen Scheußlichkeiten leben. Hauptsache *trendy*.

Tröstlich ist, dass der Duden in einem anderen Punkt bislang hart geblieben ist: Der Karl-May-Band Nr. 2 darf weiterhin *Durchs wilde Kurdistan* heißen. Die Regel: Kein Apostroph steht vor dem *s*, wenn eine Präposition mit dem Artikel *das* verschmolzen wird – also *ans Meer, fürs Poesiealbum, ins Schwimmbad, ums Haus, hinters Licht* etc. Basta.

Aber bitte nicht zu früh freuen! Eine andere Regel, die früher unumstößlich galt, wird seit neuem aus nicht einsehbaren Gründen durchbrochen: Fällt das *e* von *es* in umgangssprachlichen Wendungen aus, so muss ein Apostroph gesetzt werden. So haben wir es gelernt und gerne beherzigt – also *Wie geht's?, Nimm's leicht!, Sag's noch einmal!*. Hier hält der Duden mittlerweile den Apostroph für verzichtbar und gibt uns die Wahl frei. *„Wenns weiter nichts ist"*, so heißt sein Beispiel. Mit Verlaub, es ist sehr viel, zu viel. Deswegen machen wir da auch nicht mit – und *lassen's* beim Alten.

Was Wörter
von Worten unterscheidet

Normalerweise kommt man bei Hauptwörtern ja mit einem Plural aus. Aber es gibt Ausnahmen: zum Beispiel *Denkmal* und *Wort*, wobei die beiden Fälle verschieden gelagert sind.

Bei *Denkmal* kann man beide Pluralformen verwenden, und zwar ohne eine Verschiebung in der Bedeutung – also *Denkmäler* und *Denkmale*. In ihrem „Deutschen Wörterbuch" von 1873 zitieren die Gebrüder Grimm noch den Herrn Geheimrat Goethe, der mal die eine Form, mal die andere benutzte, je nach Laune. Heute ist *Denkmäler* die gebräuchlichere Form, und in Österreich wird übrigens nur von *Denkmälern* gesprochen. Zwar findet man in Deutschland auch noch die Form *Denkmale*, vor allem in gehobenen Texten. Aber sie ist eher auf dem Rückzug. So hat man sich bei den *Weltkulturdenkmälern* ziemlich klar festgelegt. Ein kleiner Google-Test zeigt für *Weltkulturdenkmäler* hundert Mal mehr Einträge als für *Weltkulturdenkmale*.

Etwas anderes ist es mit *Wörtern* und *Worten*. Da ändert sich die Bedeutung durchaus: Meint man mit *Wort* die grammatikalische Einheit, so lautet der Plural *Wörter*. Also heißt es: „Goethes Wortschatz bestand aus rund 90 000 Wörtern." Logischerweise heißt es auch *Fürwörter, Hauptwörter, Schlüsselwörter, Passwörter* etc. Geht es aber um *Wort* im Sinn von *Äußerung, Ausspruch, Zitat, Begriff* so muss man den Plural *Worte* nehmen. Also: „Goethes geflügelte *Worte* gehören zur Allgemeinbildung". Oder: „Goethes letzte *Worte* waren: Mehr Licht!" Weil Sprache aber nie logisch ist, kommt jetzt leider noch eine Ausnahme: Es heißt *Sprichwörter*, obwohl hier *Sprichworte* vom Verständnis her eigentlich sinnvoller wäre, da es sich um geläufige Redewendungen handelt. Aber so ist das eben.

Damit wollen wir es bewenden lassen: Nach den 270 *Wörtern* dieses Textes sind der *Worte* genug gemacht.

Wie man sich
verfranzen kann

„Uniform passé, Liebchen sagt adieu! Schöne Welt, du gingst in Fransen! Wenn das Herz dir auch bricht, zeig' ein lachendes Gesicht! Man zahlt, und du musst tanzen."

1918 ging einiges bei uns in Fransen, auch für den armen, kleinen Husaren, den jenes berühmte Liedchen aus den Zwanzigern besang. Zumindest seine Uniform dürfte *ausgefranst* gewesen sein. Aber nicht *verfranst*, wohlgemerkt. *Verfransen* gibt es nicht. Und wenn in der Zeitung steht, die Koalition habe sich *verfranst*, so ist das schlichtweg falsch. *Verfranzt* wäre richtig gewesen. Denn dieses Wort, das man gerne gebraucht, wenn jemand vom rechten Kurs abkommt, sich verirrt, verläuft, verrennt oder verfährt, hat überhaupt nichts mit *Fransen*, also Stofffasern, zu tun. Es schreibt sich mit *z*, denn es kommt vom Vornamen Franz.

Im Ersten Weltkrieg – also noch lange vor den Zeiten von Blindflug und Autopilot – nannte man im Fliegerjargon den Flugzeugführer scherzhaft Emil und den mit dem Kartenmaterial neben ihm sitzenden Flugbeobachter Franz. Wenn nun dieser Franz aus Versehen einen falschen Kurs angab und Emil sich verflog, so hatte sich das Flugzeug *verfranzt*.

Dieses Wort gehört also zu einer Gruppe von Verben, die aus Eigennamen entstanden sind, was man ihnen aber oft nicht mehr ansieht. Dabei kann es sich zum einen um Familiennamen handeln: Wer immer *beckmessert*, benimmt sich wie jener notorische Nörgler Sixtus Beckmesser aus Richard Wagners „Meistersingern". Das Wort *kneippen* geht auf den wackeren Pfarrer Sebastian Kneipp zurück, der die Leute durchs eiskalte Wasser waten ließ. Beim *Morsen* bedient man sich der um 1840 erfundenen Nachrichtentechnik des US-Erfinders Samuel Morse. Das Wort *einwecken* hat uns der Naturapostel Johann Weck beschert, der sich um 1900 auf das Einkochen von Obst spezialisierte. Schon im 18. Jahrhundert machte der US-Friedensrichter Charles Lynch durch ein Schreckensregiment von sich reden, bei dem unzählige Schwarze umkamen, weshalb seither *gelyncht* wird. Das Wort *verballhornen* geht auf den Lübecker Buchdrucker Johann Ballhorn aus dem 16. Jahrhundert zurück, der für besonders schlampige Texte berüchtigt war. Und wer *schrammelt*, der spielt wie einst die Wiener Musikerbrüder Johann und Josef Schrammel um 1880 beim Heurigen.

Zum anderen können Verben eben auf einen Vornamen zurückgehen. Ein schönes Beispiel ist *uzen* für *necken*. Auch hier sieht man die Wurzel nicht sofort. Das seit dem 16. Jahrhundert bekannte Wort ist wohl von *Uz* oder *Utz* abgeleitet, der südwestdeutschen Koseform des Vornamens Ulrich. Und ähnlich wie bei *Heini* hat der Name irgendwann einen abwertenden Klang bekommen. Ein *Uz* war ein Tölpel, den man auf den Arm nahm. Dann doch lieber ein *Franz*.

Scheinbar macht
anscheinend Probleme

Über den kleinen, aber entscheidenden Unterschied zwischen *anscheinend* und *scheinbar* wissen die Leute Bescheid – so könnte man meinen. Weit gefehlt. „In welcher legendären TV-Sendung ging es *scheinbar* um Leben und Tod?" hieß einmal eine Frage bei Günther Jauchs Ratespektakel „Wer wird Millionär?". Zur Auswahl standen a) Dalli Dalli, b) Das Millionenspiel, c) Einer wird gewinnen und d) Traumhochzeit. Die Antwort b) wäre richtig gewesen, weil damals bei jenem Millionenspiel jemand nur *scheinbar* von Killern gejagt wurde. Aber der Kandidat kam gar nicht mehr zum Raten. Er scheiterte schon am Wörtchen *scheinbar*. Er begriff einfach nicht, was damit gemeint war – und ging schließlich mit armseligen 500 Euro heim.

Also ist das doch ein Thema, macht *scheinbar anscheinend* Probleme. Bleiben wir bei dem Beispiel: *Es ging scheinbar um Leben und Tod* heißt im Klartext nichts anderes als *Es ging in Wirklichkeit nicht um Leben und Tod*. Sagt man dagegen *Es ging anscheinend um Leben und Tod*, so will man damit ausdrücken: *Wie es scheint, ging es um Leben und Tod*. Oder um mal weg zu kommen von Mord und Totschlag: Wenn einer *scheinbar eine gute Partie gemacht hat*, dann hat er sich getäuscht und seine Frau bringt nichts mit in die Ehe. Hat er aber *anscheinend eine gute Partie gemacht*, so spricht vieles dafür, dass er künftig im Geld schwimmt.

Was lernen wir daraus fürs Leben? *Anscheinend* sollte auch gutes Deutsch können, wer auf Jauchs Ratesessel bestehen will. Sonst hat er nur *scheinbar* Chancen.

Der Teufel
steckt im Detail

Da wir über Jahre hinweg jede Woche auf Teufel komm raus ein Thema für die Sprachplaudereien finden mussten, waren uns Anregungen schon immer lieb. Und es wäre ja auch mit dem Teufel zugegangen, wenn uns unsere Leserschaft nicht genug Ideen geliefert hätte. Da wollte auch jemand mal wissen, was es mit dem beliebten Ausdruck *Toi, toi, toi* auf sich hat, mit dem man jemandem viel Glück wünscht. Genauer: ob dieses *toi* irgendwie mit dem *Toifel*, pardon, dem *Teufel* zusammenhängt.

Die Antwort lautet: einerseits nein, andererseits ein bisschen doch. Der Teufel geistert zwar ganz schön durch unsere Sprache – siehe oben. Und die Liste der Redensarten, die mit dem Höllenfürsten zu tun haben, ist verteufelt lang: *den Teufel mit dem Beelzebub austreiben, den Teufel im Leibe haben, den Teufel an die Wand malen, sich den Teufel um etwas scheren, in Teufels Küche kommen* etc. etc. Aber *toi, toi, toi* hat eine andere Wurzel: Entweder – was weniger wahrscheinlich ist – es stammt vom jiddischen *tow* für *gut*, was auch in *Massel tow* (Viel Glück!) steckt. Oder aber – was wahrscheinlicher ist – es hat einfach einen lautmalerischen Hintergrund und macht das Geräusch nach, wenn man ausspuckt. Und jetzt wird es doch ein klein wenig satanisch: Dieses Über-die-Schulter-Spucken ist ein Relikt des alten Aberglaubens, dass sich damit böse Dämonen bannen ließen.

Aber weil wir es gerade vom Teufel haben: Manchmal merkt man kaum, dass von ihm die Rede ist, ja, man soll es gar nicht merken. Unsere Vorfahren haben sich so genannte *verhüllende Entstellungen* einfallen lassen, um den Namen des Teufels nicht in den Mund nehmen zu müssen. *Der Gottseibeiuns* oder *der Leibhaftige* sind bekannte Ausdrücke. Weniger bekannt dürften zwei andere sein: Den Ausruf *Potztausend!* hat jeder schon einmal gehört. Dahinter verbirgt sich entweder ein verkürztes *Potz tausend Teufel!*, wobei *Potz* auf den Genitiv *Gottes* zurückgeht. Oder aber es handelt sich schon bei *tausend* um ein bewusstes Ersatzwort für *Teufel*.

Sehr schön ist auch der Ausruf *Ei der Daus!*. Das klingt fast nach Kinderreim à la Dideldum, soll aber nichts anders heißen als *Ei der Teufel!*. Und warum sagt man das dann nicht gleich? Eine weitere Redensart lautet: „Wenn man den Teufel nennt, kommt er g'rennt". Und das wollen wir doch alle nicht. *Teufel aber auch!*

Je länger,
umso lieber

„Umso schneller du dich jetzt umziehst, umso früher sind wir beim Sektempfang", ruft der Gatte halb aufmunternd, halb drohend ins Schlafzimmer, um der Gattin bei deren Garderobe etwas Dampf zu machen. Aber die Wirkung hält sich in Grenzen. „Je ungeduldiger du wirst, desto schlechter wird dein Deutsch", tönt es zurück. In der Tat ist diese Form *umso – umso* kein gutes Deutsch, sondern allenfalls umgangssprachlich. Aber weil man das so oft falsch hört oder liest, sei es hier mal wieder klargestellt.

Werden zwei Komparative zueinander in Beziehung gesetzt, so gibt es zwei Möglichkeiten: Entweder durch *je – desto* oder durch *je – umso*. Zwei Beispiele: „*Je länger* diese Party geht, *desto* unterhaltsamer finde ich sie." Oder: „*Je später* der Abend, *umso* schöner die Gäste", was ja schon sprichwörtlich geworden ist. Im gehobenen Deutsch gibt es übrigens auch die Umkehrungen: *desto – je* oder *umso – je*. Korrekt ist also auch der Satz: „Er fühlte sich *umso (desto)* wohler, *je* länger der Abend dauerte."

Einst existierte übrigens auch die Kombination *je – je*, die allerdings nur noch in Relikten erhalten geblieben ist. So heißt zum Beispiel die Lonicera aus der Familie der Geißblattgewächse auf deutsch *Jelängerjelieber*. Der Hintergrund: Man wollte damit wohl ausdrücken, dass die Pflanze umso lieblicher duftet, je länger man daran riecht, oder umso reizvoller aussieht, je länger man sie anschaut. Außerdem kennen wir dieses *je – je* auch aus dem Weihnachtslied „Zu Bethlehem geboren": „O Kindelein, von Herzen / will ich dich lieben sehr, / in Freuden und in Schmerzen / *je* länger und *je* mehr, / eia, eia, *je* länger und *je* mehr", schmettert man mit Inbrunst unterm Christbaum.

Einst hätte besagter Gatte also durchaus rufen können: „*Je* schneller du dich jetzt umziehst, *je* früher sind wir beim Sektempfang". Aber genützt hätte es ihm auch nichts, wie wir

Männer leidvoll wissen. Frauen lassen sich nicht beeinflussen, wenn sie sich schön machen wollen. Warum? Weil sie das mögen – *je länger, umso lieber.*

Warum die schwachen Verben
so stark sind

Warum heißt es *lieben – liebte – geliebt*, aber *schieben – schob – geschoben*, warum *schenken – schenkte – geschenkt*, aber *denken – dachte – gedacht*? Solche Fragen treiben manche Zeitgenossen um. Mit den Antworten tut man sich allerdings schwer, weil sie oft weit zurückliegen im Dunkel der Sprachgeschichte. Es gibt nun mal im Deutschen regelmäßige und unregelmäßige Verben, oder – anders gesagt – schwache und starke Verben.

Dabei gelten – etwas vereinfacht dargestellt – bestimmte Regeln: Schwache Verben bilden die Vergangenheitsformen mit einem so genannten *t*-Suffix – beim Verb *lachen* zum Beispiel *ich lach-te* und *ich habe gelach-t*. Der Stammvokal wird dabei im Allgemeinen nicht gewechselt, der Vokal *a* geht also durch alle Formen durch. Die starken Verben dagegen haben kein t-Suffix, sondern wechseln den Vokal bei den Vergangenheitsformen. Und sie tun das entweder einmal – beim Verb *reiten* zum Beispiel *ich ritt* und *ich bin geritten*. Oder sie tun es zweimal – beim Verb *finden* zum Beispiel *ich fand* und *ich habe gefunden*.

Weil aber Sprache immer in Bewegung ist, haben sich mit der Zeit Varianten gebildet, und dabei gibt es durchaus eine gewisse Tendenz zum schwachen Verb. Neben *backen – buk – gebacken* ist längst *backen – backte – gebacken* getreten. Überspitzt gesagt: Die Stärke der schwachen Verben liegt in ihrer Schwäche. Sie könnten sich – weil einfacher – langfristig durchsetzen. Was nach Ansicht mancher Zeitgenossen dann aber auch wieder eine Schwächung der Sprache bedeuten würde. Denn ihnen wäre *ich fliegte, ich ladete* oder *ich streichte* ein Graus. In der Tat.

Als Nachklapp eine Anekdote, die uns einmal von einem Leser *zugesandt* (erlaubte Variante: *zugesendet*) wurde und auf die Tücken beim Umgang mit starken und schwachen Verben hinweist: Da stritten sich bei einer Soirée zwei Damen, ob es *gewinkt* oder *gewunken* heißt, und *wandten* (erlaubte Variante: *wendeten*) sich an Arthur Schopenhauer, er solle doch den Schiedsrichter spielen. Der alte Philosoph antwortete mit einem Gedicht:

„Weil gar so schön im Glas der Wein *geblunken*,
hat sich der Hans dick voll *getrinkt*.
Drauf ist im Zickzack er nach Haus *gehunken*,
und seiner Grete in den Arm *gesinkt*.
Die aber hat ganz zornig *abgewunken*
und hinter ihm die Türe *zugeklunken*."

(P. S.: *Gewinkt* ist korrekt.)

Dies ist ein Plädoyer
für *dieses*

„Im Herbst diesen Jahres ist die Arbeitslosenzahl auch wegen des milden Wetters zurückgegangen". So kann man es heutzutage lesen oder in Funk und Fernsehen hören. *Diesen Jahres*? Muss es nicht *dieses Jahres* heißen? Seit geraumer Zeit ist das ein Thema, und wie so oft bei sprachlichen Spitzfindigkeiten liegt der Fall doch komplizierter.

Die althergebrachte Form lautet *im Herbst dieses Jahres*, weil der Genitiv des Demonstrativpronomens *dieser* (männlich) und *dieses* (sächlich) nun mal *dieses* heißt. Wie bei *die Frau dieses Mannes* oder *die Fenster dieses Hauses*. Bis in die siebziger Jahre lassen sich laut Institut für deutsche Sprache auch keine Belege für die Genitivform *diesen* finden. Seither hat sich das allerdings stark gewandelt. Startet man heute bei Google einen Suchlauf, so finden sich fast so viele Einträge für *diesen Jahres* wie für *dieses Jahres*. Und das färbt dann – allerdings nur in geringem Maße – sogar auf andere Formen ab: So finden sich im Internet auch Wendungen wie *Briefe diesen Inhalts* oder *Autos diesen Typs*. Irgendwann muss es also schick geworden sein, *diesen* statt *dieses* zu sagen und zu schreiben.

Eine Erklärung bietet sich an: Vielleicht handelt es sich um eine Analogbildung. Das heißt: Es könnten Genitivformen wie *im Sommer letzten Jahres* oder *im Winter nächsten Jahres* Pate gestanden haben. Bei *letzten* und *nächsten* handelt es sich allerdings nicht um Demonstrativpronomen, sondern um Adjektive, wobei jedes Mal der Artikel vorangestellt werden kann. Also: *im Sommer des letzten Jahres*. Und deswegen sind die Formen mit *n* auch korrekt. Die Form *diesen Jahres* ist es dagegen nicht. Oder muss man *im Lauf seinen Lebens* jede Sprachmode mitmachen? Die Antwort lautet: Nein.

Lese ich *taff*,
bin ich baff

Der neueste Duden Nr. 24 steht ja nicht gerade im Verdacht, besonders konservativ zu sein. Seine in der Hausfarbe Gelb unterlegten Empfehlungskästchen in Sachen Reform der Rechtschreibreform gehen vielen entschieden zu weit. Aber manchmal treten die Mannheimer Sprachbeobachter doch auf die Bremse: Bei *tough* für das deutsche Wort *zäh* plädiert der Duden für die englische Schreibweise und nicht für die neue deutsche *taff*. Fragt sich nur, wie lange noch.

In der Diskussion um Anglizismen ist *taff* ein sehr interessantes Wort. Seit ungefähr zehn Jahren macht es sich bei uns breit und ersetzt langsam das Fremdwort in der herkömmlichen Schreibweise *tough*. Im Duden wird *taff* seit 2000 erwähnt, in vielen Druckerzeugnissen – Büchern, Zeitungen, Zeitschriften, Werbeprospekten etc. – ist es mittlerweile fast schon selbstverständlich geworden. Aber was bedeutet es eigentlich genau? *Tough*, ist im Englischen ein Allerweltswort. Ein Mann kann *tough* sein, eine Frau, ein Job, eine Diskussion, ein Streit, eine Verhandlung, aber auch Leder, Stoff, Haut etc. Irgendwo zwischen *zäh, robust, schwierig, knallhart, widerstandsfähig, grob, handgreiflich, strapaziös, rau...* pendeln die Bedeutungen je nach Beziehungswort hin und her. Und irgendwann haben wir Deutschen an diesem Wort Gefallen gefunden, weil es – so argumentieren manche Sprachwissenschaftler gerne – eine besondere *Konnotation* hat, also angeblich in aller Kürze etwas gezielt spüren lässt, wozu wir mehrere Wörter bräuchten. Das wollen wir mal dahingestellt sein lassen. Denn man kann es auch als typisches englisches Modewort sehen, das vermeintlich eine gewisse Weltläufigkeit spiegelt.

Dass man ihm relativ schnell auch eine deutsche Wortgestalt verpasst hat, liegt wohl an seiner sehr altertümlichen englischen Schreibweise – bei *smart* zum Beispiel war das nicht nötig. Aber wird *tough* gebeugt, so liest es sich gewöhnungsbedürftig. „Sie ist eine *toughe* junge Dame" – na ja, da wissen viele Deutsche dann nicht mal, wie sie das aussprechen sollen. In diesem Zusammenhang ist übrigens ganz amüsant, dass *tough* mit *zäh* urverwandt ist. In manchen Dialekten sagt man ja auch *zäch* (schweizerisch) oder *zach* (bayerisch), und für diesen bei uns ja häufigen *ch*-Laut steht das *gh*, das die Engländer zwar seit Jahrhunderten nicht mehr sprechen, aber – höchst traditionsbewusst, wie sie nun mal sind – bei der Schreibung nie aufgeben wollten. Andere Beispiele: *through* = *durch*, *thought* = *dachte*, *brought* = *brachte*, *sought* = *suchte...*

Zurück zu *taff*. Diese Art von Eindeutschung hat Vorbilder: Auf ähnliche Art sind kurze Fachausdrücke wie *Keks* (von *cakes*), *Koks* (von *cokes*), *Schal* (von *shawl*) oder *Streik* (von *strike*) zu uns gekommen, die wir längst einverleibt haben. Also viel Lärm um nichts? Natürlich geht die Welt nicht unter, wenn plötzlich jeder *taff* schreibt. Aber da möchte ich einmal ganz persönlich werden: Wenn ich *taff* lese, bin ich jedes Mal baff. Und daran wird sich wohl so schnell nichts ändern.

Weswegen es nicht
wegen dem heißt

„Wäge dem muesch du nit truurig si, wäge dem, wäge dem, wäge dem". So singen die Badener in ihrer Version des alten Liedes „Oh Susanna" und treten dabei die Regeln unserer Standardsprache lustvoll mit den – gelben – Füßen. Denn *wegen dem* geht allenfalls im Dialekt oder in der Umgangssprache durch. Im gehobenen Deutsch ist dieses *wegen + Dativ* schlichtweg falsch.

Das Problem des um sich greifenden Dativs – Bastian Sick lieferte es den hübschen Titel für seine höchst verdienstvolle Taschenbuchreihe „Der Dativ ist dem Genitiv sein Tod" – ist jedoch verzwickter, als es zunächst den Anschein hat. Heißt es nun „wegen Schülermangels" oder „wegen Schülermangel"? Die Antwort lautet: Beides ist möglich, die Form mit dem Genitiv-*s*, aber auch die Form ohne. Und warum? Im Duden wird es erklärt, allerdings für Otto Normalleser reichlich verrätselt: „Ein allein stehendes, stark gebeugtes Substantiv im Singular bleibt im Allgemeinen ungebeugt". Will heißen: Benutzt man keinen Artikel, so kann man das *s*, das bestimmte Substantive normalerweise im Genitiv bekommen, auch weglassen. *Wegen Umbau* statt *wegen Umbaus* oder *wegen Unwetter* statt *wegen Unwetters* sind also erlaubte Formen.

Anders liegt der Fall, wenn man den Artikel setzt. Dann gestattet die Standardsprache nur den Genitiv. Es heißt also *wegen des Unwetters* und nicht *wegen dem Unwetter*. Damit wir jetzt aber nicht vorschnell meinen, wir hätten alles restlos begriffen, gibt es noch Ausnahmen: So steht das Substantiv, auf das sich *wegen* bezieht, im Dativ, wenn sich dazwischen ein Genitivattribut schiebt. Im Klartext: Es heißt nicht *wegen meines Vaters neuen Arbeitsplatzes*, sondern *wegen meines Vaters neuem Arbeitsplatz*. Aber da bietet sich dann eine gute Lösung an: Man sagt gleich *wegen des neuen Arbeitsplatzes meines Vaters*, was auf jeden

Fall stimmt. Manchmal kann Sprache auch leichter sein, als man denkt. Das ist tröstlich. „Und wäge dem miaße mir nit truurig si" – badisch gesagt.

Weil das ist
kein gutes Deutsch

Eine sprachliche Unsitte ist bei uns seit einiger Zeit einge-
rissen – und hat selbst die höchsten Kreise erfasst. Auch der
Bundespräsident ist nicht dagegen gefeit: „Für Afrika werde ich
mich weiter mit aller Kraft einsetzen. Weil das brennt mir auf den
Nägeln", so kann man Horst Köhler reden hören.

Was passiert da? *Weil* ist eine Konjunktion, und diese hat die
Eigenschaft, dass sich nach ihr der normale Satzbau – Subjekt-
Prädikat-Objekt – ändert. Ein Beispiel: „Ich esse gerne Fisch" ist
ein Hauptsatz. Sagt man aber „Ich fahre an die See, weil ich gerne
Fisch esse", so leitet *weil* hier einen Nebensatz ein, und dann greift
im Deutschen die *Inversion*. Dieses Wort kennen wir ja vor allem
vom Wetterbericht, wenn sich die normale Temperatursituation
umkehrt und es bei Hochdrucklage an ruhigen Wintertagen auf
den Bergen wärmer wird als im Tal. In der Sprachwissenschaft
aber steht der Begriff Inversion für die Umkehrung des Satzbaus.
Man kennt sie bei der Frage, also bei einem Satz wie „Isst du gerne
Fisch?" Sie findet sich in Hauptsätzen aus Gründen der Betonung:
Man kann sagen „Ich esse gerne Fisch" oder aber „Fisch esse ich
gerne". Und zwingend folgt die Inversion eben in Nebensätzen
nach Konjunktionen wie *weil, obwohl, da, wonach, wobei* etc.

Das Englische verfährt hier übrigens viel restriktiver. Die
Abfolge in Hauptsätzen – außer bei Fragen – ist Subjekt-Prädikat-
Objekt. Aber auch nach Konjunktionen bleibt das so: „I often go to
the seaside, because I like fish" und nicht „...because I fish like" .

Könnte also hinter der neuen Sprachmode ganz einfach wieder
ein Einfluss des Angloamerikanischen stecken? Dafür spricht
einiges. Ähnlich gelagerte Fälle kennen wir schon. Nehmen wir
die Aussage: „Ich esse keinen Fisch. Dennoch: Die Meeresküste ist
mein Lieblingsurlaubsziel". Hier könnte ein englisches *however*
mit anschließender Abfolge Subjekt-Prädikat-Objekt Pate gestan-

den haben. Während sich solche Sätze auch schon oft geschrieben finden, ist der falsche Satzbau nach *weil* bislang noch eher auf das Sprechen beschränkt. Aber was nicht ist, kann ja noch werden. Leider. Deshalb wehret den Anfängen! Weil das ist kein gutes Deutsch...

Kein Grund
zum Totärgern

Fidel Castro sei schon mehrfach *für Tod* erklärt worden. So meldete einmal die Deutsche Pressagentur. Das war natürlich falsch, aber immerhin wurde damit der Blick auf ein verflixtes sprachliches Problem gelenkt. Und der Ehrlichkeit halber sei es gleich gesagt: Die Rechtschreibreform – ansonsten ja immer gerne unter Generalverdacht – ist hier ausnahmsweise mal nicht schuld.

Das Substantiv *Tod*, also das Wort für das *Sterben* oder das *Ende des Lebens*, schreibt man im Deutschen mit *d*. Das Adjektiv *tot*, also das Wort für *nicht mehr lebend* oder *gestorben*, schreibt man dagegen mit *t*. Das hat natürlich Folgen für alle Wörter, die von dem einen oder von dem anderen abgeleitet werden – und oft auch im übertragenen Sinn gemeint sind. So gibt es *todgeweiht* und *todbringend* sowie *Todfeind, Todsünde, Todesmut, Todeskommando* und *Todesangst*. Sie alle beziehen sich auf das Substantiv *Tod*. *Todgeweiht* steht hier also für *dem Tod geweiht*, und *todkrank* heißt so viel wie *auf den Tod krank*.

Auf der anderen Seite gibt es die Ableitungen vom Adjektiv *tot*: *totfahren, totschießen, totschweigen, totgesagt, totgeboren, totgelaufen, Totschlag, Totenkopf* und *Totenmaske*. Und weil das Ganze noch nicht kompliziert genug ist, finden sich gleichbedeutende Varianten-Paare wie *todblass* und *totenblass* – da ist dann einer *auf den Tod blass* oder aber *blass wie ein Toter*. Es lohnt sich also im Zweifel immer, in einem Wörterbuch nachzuschauen.

Bevor wir dieses *todtraurige* Thema nun aber *totreiten*, hören wir auf. Und eines ist sowieso tröstlich: Auch wenn man vielleicht über sprachliche Schnitzer *todunglücklich* ist, *totärgern* muss man sich deswegen noch lange nicht.

Warum man bei *Trab* auf Trab sein muss

„Der Sportlehrer brachte seine Schüler auf Trapp". „Frau Maier hielt ihren Gatten ganz schön auf Trapp". „Die Soldaten setzten sich in Trapp". Drei Sätze, drei Fehler: *Trapp* ist jeweils falsch, es muss *Trab* heißen. Denn gemeint ist bei solchen Redensarten der *Trab*, also die mittelschnelle Gangart von Tieren, vor allem Pferden, zwischen Schritt und Galopp.

Aber warum wird das so häufig falsch geschrieben? Es gibt einige Wörter, die hier wohl in die falsche Richtung denken lassen: Mit *pp* schreibt man die *Trappe*, einen bei uns selten gewordenen Großvogel, der übrigens auch im Wappenschild jenes österreichischen Adelshauses auftaucht, aus dem die berühmte singende *Trapp-Familie* kam. Ebenfalls so geschrieben werden die *Trappisten*, jene zu Stillschweigen verpflichteten Mönche, deren Orden einst im französischen La Trappe gegründet wurde. Ein doppeltes *p* haben zudem die *Trapper* aus dem Wilden Westen, deren Name vom englischen Wort *trap = Falle, Wurfmaschine* herrührt, das auch in der Bezeichnung für die Sportart *Trapschießen* steckt. Dass Gottfried August Bürgers immerhin schon über 200 Jahre alte schaurig-schöne Ballade von der armen Lenore nachwirkt, möchte man weniger annehmen, obwohl es dort lautmalerisch heißt: „Und außen, horch, ging's *trapp, trapp, trapp*, und klirrend stieg ein Reiter ab…". Da drängt sich eher das bekannte Kinderlied auf: „Mit den Händchen klapp, klapp, klapp, mit den Füßchen *trapp, trapp, trapp*…". Und nicht zu vergessen: *Trappen* bedeutet in manchen Gegenden *mit kurzen und lauten Schritten gehen*.

Letztlich könnte der Fehler aber auch mit der süddeutschen Eigenart zusammenhängen, das *a* in einem Wort wie *Trab*, das im Standarddeutschen lang sein muss, kurz auszusprechen und damit den Konsonanten am Schluss automatisch zu härten – also vom stimmhaften *b* zum stimmlosen *p*. Aus dem langen *-ab* wird so ein kurzes *-app* – und dann schreiben es die Leute auch so. Ein ähnliches Phänomen haben wir bei *Spaß*, das im Süden – gegen die Regel – ebenfalls kurz gesprochen wird und dann zu der falschen Schreibweise *Spass* mit *ss* führt, die seit der Rechtschreibreform bei Wörtern mit langem Vokal ja nicht mehr erlaubt ist.

Aber wie auch immer: An der richtigen Form *Trab* führt nichts vorbei. Und man ist auch gut beraten, sich daran zu halten: Sonst heißt es womöglich, man sei in Rechtschreibung nicht auf Trab.

Wenn Banker auf
der Bahre liegen

Finden zwei Polizisten einen Toten vor dem Gymnasium. Später ist das Dienstprotokoll fällig. „Weißt du, wie man *Gymnasium* schreibt?", fragt der eine. „Nein, weiß ich nicht", antwortet der andere. „Dann legen wir die Leiche halt vor die Post."

Fremdwörter sind Glücksache, und deswegen nur keinen Fehler machen! Das war hier die Devise. Manche machen allerdings Fehler, ohne sich dessen bewusst zu sein – auch in der eigenen Sprache. Nehmen wir das Wort *Stegreif*. *Stegreif*? Schreibt man das nicht mit *h*? Nein, auch wenn beim Googeln in Internet die falsche Schreibweise *Stehgreif* immerhin auf über 50 000 Einträge kommt, gegenüber rund 100 000 für die richtige *Stegreif*. Es gibt wohl den *Stehgeiger*, die *Stehlampe*, den *Stehimbiss*, den *Stehkonvent*, die *Stehparty*, und es könnte auch den *Stehbeifall* geben, wenn die Deutschen nicht meinten, von *standing ovations* reden zu müssen oder – noch blöder – von *stehenden Ovationen*. Aber *Stegreif* hat mit dem Verb *stehen* nichts zu tun. Das Wort kommt vom althochdeutschen *stegareif* = *Steigbügel*. Wenn die berittenen Boten des Königs damals dem staunenden Volk ihre Neuigkeiten verkündeten, taten sie das ohne abzusteigen, aus dem Steigbügel heraus. *Aus dem Stegreif* heißt also im übertragenen Sinn *auf die Schnelle, ohne Vorbereitung, improvisierend*.

Weitere Beispiele für beliebte Falschschreibungen gefällig? Wie oft liest man von einer schwierigen *Gradwanderung*, wenn es doch eigentlich um eine *Gratwanderung* geht, also um einen *schmalen Bergrücken*, und nicht um den *Grad* in Sinn von *Maßeinheit, Rang, Stufe*. Das *Verlies*, ein anderes Wort für *Kerker*, hat sprachgeschichtlich etwas mit *Verlust* zu tun und nicht mit *verlassen* – *Verließ* ist also falsch. *Rentiere* rennen zwar sicherlich auch öfters über die Tundra, aber *Renntiere* sind es nicht. *Ren* geht vielmehr auf ein altes nordisches Wort für gehörnte Tiere zurück, das mit

Rind verwandt ist. Der Satz „Meine Freundin ist so *zartbeseitet"* liest sich zwar auch sehr nett, aber um irgendwelche hübschen Seiten der Angebeteten geht es nicht. Richtig ist *zartbesaitet,* also eigentlich *mit zarten Saiten bespannt.*

Und wie wir alle in Zeiten der Wirtschaftskrise leidvoll erfahren haben, war es wohl um das *Finanzgebaren* vieler Banker sehr schlecht bestellt – aber nicht um das *Finanzgebahren,* wie immer wieder zu lesen. *Gebaren* für *Verhalten* geht auf das mittelhochdeutsche Verb *gebaren = sich betragen* zurück. Mit der *Bahre* im Sinn von *Totentrage* hat es nicht zu tun hat. Wobei das in diesem speziellen Fall gar nicht so abwegig gewesen wäre. Denn bei den Bankenpleiten lagen ja wohl so manche Leichen herum – nicht vor dem Gymnasium, aber im Keller.

Wer lädt hier wen
wozu ins Zelt?

„Gestern war ich auf einer Auktion und habe ein wunderschönes Stillleben erstanden – eine echte Trouvaille!", jubiliert eine Bekannte. Eine *Trouvaille*? Ganz alltäglich ist dieses Fremdwort zwar nicht, aber man hört es doch öfters. Bei all der verständlichen Aufregung über die Springflut der Anglizismen vergessen wir allzu leicht den großen Einfluss, den das Französische über Jahrhunderte hinweg auf unsere Sprache hatte. Dabei gibt es offensichtliche Gallizismen wie die *Trouvaille*, also die *Fundsache* (von *trouver* = *finden*). Anderen Wörtern dagegen sieht man die Herkunft von jenseits des Rheins nicht mehr sofort an.

„Mir ist ganz *blümerant* zumute", sagt einer, der sich nicht wohl fühlt. Dabei handelt es sich um eine Verfremdung des französischen *bleu mourant* für *sterbendes Blau*, und gemeint ist damit die grau-blaue Farbe des Schleiers vor den Augen, wenn einem schwindlig wird. *Firlefanz* im Sinn von *Tand, Unsinn, Posse, Kinderei* soll auf altfranzösisch *virelai* zurückgehen, einen ausgelassenen Ringelreihen. Sehr deutsch klingt zwar das Wort *mutterseelenallein*, ist es aber wohl nicht. Man nimmt an, dass am Anfang ein französisches *moi tout seul* (= *ich ganz allein*) stand, was zunächst als *mutterseel* eingedeutscht und dann noch einmal zur Verstärkung durch *allein* ergänzt wurde.

Sehr nett sind schließlich die *Fisimatenten*, wie die Flausen im Kopf genannt werden, die man jemand austreiben möchte. Ganz absichern lässt sich die Herleitung zwar nicht, aber amüsant ist sie allemal: Wahrscheinlich stammt das Wort aus der Zeit, als Napoleons Truppen quer durch Deutschland marschierten. Entdeckte dann ein flotter Leutnant ein hübsches Mädchen am Straßenrand, so rief er ihm zum Entsetzen der Mutter zu: *Visitez ma tente!*, was so viel heißt wie „Besuchen Sie mich doch mal in meinem Zelt!"

Was auch immer er in diesem Zelt zu tun gedachte, er hat es zumindest höflich formuliert. Franzosen sind halt galant. Da ist Bert Brecht das Thema in seiner „Mutter Courage" entschieden rüder angegangen: „Und nach der Maiandacht / da kam die Maiennacht./ Das Regiment stand im Geviert. / Dann wurd' getrommelt, wie's der Brauch, / dann nahm der Feind uns hintern Strauch / und hat fraternisiert." Die Wörter *Courage, rüde* und *fraternisieren* stammen übrigens alle auch aus dem Französischen...

Da möchte man doch
auf der Sau naus

Mal ehrlich gefragt: Vernaschen Sie das süße rosa Marzipan-schweinchen vom Silvesterabend immer sofort? Und glauben Sie dann wirklich, dass Sie künftig *Schwein haben*? Keine Angst, auf einen tiefgründelnden Exkurs über Glaube und Aberglaube wollen wir uns hier nicht einlassen. Aber die Frage, warum man *Schwein hat*, warum also ein von uns überheblichen Menschen als schmutzig, unrein, gefräßig, dumm und sexualtriebgesteuert verschrieenes Tier – ob als Schwein oder als Sau – durch so viele Redensarten geistert und im speziellen Fall zum Glückssymbol wurde, darf uns schon kurz interessieren.

Mehrere Deutungen kursieren: Zum einen wird argumentiert, dass Ausdrücke der Verstärkung wie *saudumm, saugrob, sausch-wer, Sauarbeit, Saubande* zu der Formulierung *Sauglück* oder *Schweineglück* geführt haben könnten. Dazu würde auch die Redensart passen, dass jemand ein *Saugeld* oder *Schweinegeld* ver-dient, also einen ganzen Haufen Geld. Zum anderen spricht sehr vieles dafür, dass ein alter Brauch bei Schützenfesten eine Rolle gespielt hat. Danach wurde dem Letzten eines Wettschießens als Spott- oder Trostpreis ein Schwein überreicht. Wer also das Schwein bekam, erhielt etwas, ohne es eigentlich verdient zu ha-ben, hatte somit *Schweineglück* oder einfach *Schwein*.

Sehr hübsch ist aber auch eine dritte Variante, die vor allem je-dem Kartenspieler einleuchtet. Ein alter Ausdruck für das Ass, also die höchste Karte im Spiel, ist die *Sau* – vor allem bei einem deutschen Blatt. Auf dem Schellen-Ass oder der Schellen-Sau war sogar oft ein Schwein abgebildet. *Schwein haben* würde demnach einfach bedeuten, dass man mit der besten Karte auftrumpfen kann, also besonderes Glück hat.

Wobei Glück ja relativ ist. Für Abraham a Santa Clara war Kartenspiel ein Unglück an sich. Der aus dem Meßkircher

Geniewinkel stammende gestrenge Augustinerbarfüßermönch der Barockzeit wetterte in einer seiner berühmten Predigten: „So sind in den Karten vier Säu: Eichel-Sau, Schellen-Sau, Herz-Sau und Gras-Sau, und weil die Säu mehr gelten als der König, so ist das ja ein säuisch Spiel!" Man mag sich gar nicht ausdenken, wie er sich über die heutige weltweite Poker-Manie aufgeregt hätte. Wahrscheinlich wäre er – schwäbisch deftig ausgedrückt, wie es so seine Art war – *schlichtweg auf der Sau naus.*

Im Standarddeutschen
hat *nix* nichts verloren

Warum man immer wieder das scheußliche Wort *nichtsdesto-trotz* in den Medien lesen müsse, wollen manche Leser wissen. Das sei doch falsch. Sie irren. Falsch ist es nicht. Es handelt sich um eine schon recht alte, scherzhafte Mischbildung von *nichts-destoweniger* und *trotzdem*, was ja genau das Gleiche bedeutet. Der Duden akzeptiert das Wort mit dem Zusatz *ugs.*, also *um-gangssprachlich*. Wahrigs „Die deutsche Rechtschreibung" lässt sogar diesen Zusatz weg. Etwas anderes ist es, wenn jemand – was gar nicht so selten vorkommt – *nichtsdestowenigertrotz* sagt oder schreibt. Dieses Wortungetüm soll wohl besonders nobles Deutsch signalisieren, klingt aber nicht nur gespreizt, sondern schießt schlichtweg übers Ziel hinaus.

Andere wiederum liegen genauso falsch, wenn sie *nix* schreiben statt *nichts* – was sich derzeit zur Unsitte auswächst. „Ja, ist das denn nicht richtig?", wird mit unschuldigem Augenaufschlag immer häufiger gekontert, wenn man hier seine Bedenken anmeldet. Nein, es ist nicht richtig. Es gibt zwar das altehrwürdige deutsche Wort *Nix*, aber da geht es um die männliche Ausgabe der *Nixe*, also einen Wassergeist aus dem Märchen – mit oder ohne Fischschwanz. *Nix* als abgekürzte Form von *nichts* steht zwar seit einigen Jahren im Duden, jedoch nur als umgangssprachliche Variante. Korrektes Standarddeutsch ist es nicht.

Warum es zur Mode wurde, liegt allerdings auf der Hand. Durch den Einfluss des Englischen, nicht zuletzt in der Werbung, sind wir heute von vielen Wörtern umgeben, die zur Angleichung reizen. Da wimmelt es nur so von *Sound-Mix* und *Car-Wax*. Wenn aber über einem Supermarkt *Preis-Fux* steht und ein kleiner roter Reineke aus dem Emblem grinst, dann ist es nur noch ein kurzer Schritt zum „*Fux, du hast die Gans gestohlen*". Und auch der

Uraltwestern *Ritt zum Ox-Bow* könnte seine Spätfolgen haben: *Bona Nox, bist a rechter Ox*, immerhin von Mozart.

Zugegeben: Dieses *x* kann ja einen ganz witzigen Anstrich haben, und aus unserer XXL-Jugendsprache ist es ohnehin nicht mehr wegzudenken. Aber im korrekten Standarddeutschen hat *nix* nichts verloren, nichts und wieder nichts.

Wer denkt da
schon an Schnepfenjäger!

Man kann es immer wieder nur wiederholen: Die generelle Verteufelung von Anglizismen ist einfältig. Das Primat der angloamerikanischen Kultur nach 1945 hat für eine Flut von Fremdwörtern gesorgt, die wir Deutsche ganz einfach aufsogen, und dieser Einfluss des Englischen als Leitsprache wächst im Zeitalter der Globalisierung mit international vernetzten Informationstechnologien stetig weiter. Das heißt allerdings nicht, dass wir uns nicht eine Portion von Sensibilität erhalten müssen. Will heißen: Wir sollten noch wissen, was jene Fremdwörter im Kern bedeuten, die wir wie selbstverständlich benutzen.

Ein Beispiel aus jüngerer Zeit: *Skimming*. Das ist ein immer häufiger eingesetzter Fachausdruck aus dem Polizeibericht für das Abräumen von Bankkonten durch manipulierte Kartenlesegeräte. Aber fragen Sie einmal in Ihrer Umgebung nach, was es genau heißt! Fehlanzeige. *To skim* ist *abschöpfen, entrahmen, absahnen* – also im Kern ein Wort aus der Milchwirtschaft. Damit sind wir beim Punkt: Beschwichtigend wird immer wieder darauf hingewiesen, man solle doch Anglizismen als einen Glücksfall betrachten, weil dadurch die Kompetenz in der Fremdsprache wachse. Das stimmt eben nur bedingt: Wenn ich ein Wort zwar in einem übertragenen Zusammenhang begreife, aber seine exakte Bedeutung nicht kenne, nützt es mir für meinen aktiven Wortschatz überhaupt nichts.

An ähnlich gelagerten Fällen ist kein Mangel. Weiß jeder auf Anhieb, dass *happy slapping* – das grundlose, brutale und auch noch per Handy gefilmte Zusammenschlagen eines Wehrlosen – eigentlich *fröhliches Abwatschen* heißt und damit Zynismus pur signalisiert? Oder dass *phishing* – das Ausspähen von Bankdaten über täuschend echt nachgemachte E-Mails – ein Kunstwort aus *password* (= *Passwort*) und *fishing* (= *Fischen*) ist? Oder hat man eigentlich vor einigen Jahren darüber nachgedacht, warum jener immer wieder aus dem Hinterhalt zuschlagende US-Serienkiller auch in allen deutschen Medien nur *der Sniper* hieß? So nannten ihn die Amerikaner, und das übernahmen wir gedankenlos. Wir hätten auch *Heckenschütze* sagen können, denn genau das heißt es. Der Amerikaner hat allerdings bei diesem Wort noch die Assoziation der *Schnepfenjagd*. *Snipe* ist die *Schnepfe* – auch noch urverwandt mit unserem Wort. Aber das hat die deutschen Benutzer nicht interessiert. Hauptsache: sich wichtig machen mit einem englischen Begriff.

Fazit: Wenn es schon Englisch sein muss, dann wenigstens mit Hintergrundwissen. Auch der sich beileibe nicht selbst erklärende Begriff des *flash mob* (wörtlich: *Blitz* oder *Pöbel, Haufen*) ist seit geraumer Zeit stark in Mode. Da versammeln sich junge Leute für irgendeinen spontanen kollektiven Blödsinn, um danach wieder sofort zu verschwinden – eine Kissenschlacht am Lindauer Hafen zum Beispiel. Als *Artikulation einer sinnentleerten Spaßgesellschaft* sehen das die Psychologen. *Sinnentleerung* ist ein gutes Stichwort für unser Problem. Wollen wir sinnentleert daherreden?

Schlag nach
bei Moses!

„Bei einem solchen Schmuddelwetter am *Siebenschläfertag* rollt man sich zusammen und bleibt im Nest", tönte die Rundfunkmoderatorin am Morgen des 27. Juni frohgemut, meinte es richtig – aber lag falsch. Denn mit dem *Siebenschläfer*, einem possierlichen Nager aus der Familie der Bilche und deren Unterfamilie der Schlafmäuse, hat der 27. Juni gar nichts zu tun. Diese Bilche halten zwar einen sehr langen Winterschlaf, angeblich bis zu sieben Monate, aber Ende Juni sind sie in der Regel putzmunter.

Hintergrund des *Siebenschläfertages* ist vielmehr eine alte Heiligenlegende: Am 27. Juni gedenkt die katholische Kirche einer Gruppe von frühchristlichen Glaubenszeugen. Diese sieben Schafhirten aus der Nähe von Ephesos in Kleinasien wurden unter Kaiser Decius 251 verfolgt und in einer Höhle eingemauert. Als man aber 446, also fast 200 Jahre später, die Höhle zufällig öffnete, fand man sie lebend vor…

Als Symbolfiguren für den Glauben an die Auferstehung fanden sie schnell Eingang in die Märtyrerlisten des Mittelalters und hielten sich auch auf dem Kalender bis heute. Vor allem aber lebt ihr Namenstag in der alten Bauernregel fort, wonach Regen am Siebenschläfertag schlechtes Wetter in den kommenden sieben Wochen nach sich zieht. Das ist zwar in dieser Zuspitzung Unsinn, aber ein wahrer Kern steckt schon darin: Die Großwetterlage in der Zeit um den 1. Juli ist auch nach Ansicht heutiger Meteorologen ein Indikator dafür, ob wir es mit einem regnerischen oder mit einem regenarmen Sommer zu tun bekommen.

Letztlich steht der kleine Lapsus der Rundfunkdame für ein allgemeines Phänomen: Der kulturhistorische Hintergrund von Wörtern kann nur verständlich bleiben, wenn man ständig an ihn erinnert – eine Binsenweisheit, aber deswegen nicht minder wahr. Gerade Wörter aus einem religiösen Kontext laufen in einer immer säkularer denkenden Welt Gefahr, nicht mehr verstanden zu werden. Eine *Hiobsbotschaft* führt schnell jemand im Mund, ohne zu wissen, dass hier auf die vielen Unglücksnachrichten angespielt wird, die der arme Hiob im Alten Testament zu verkraften hatte. Auch die Redensart *etwas für ein Linsengericht hergeben* erschließt sich nicht von alleine. Sie geht auf die Geschichte von den beiden Zwillingssöhnen Isaaks, Esau und Jakob, im 1. Buch Mose zurück. Esau kommt hungrig vom Feld und bittet Jakob um einen Teller von den Linsen, die dieser gerade gekocht hat. Jakob ist einverstanden – aber nur, wenn Esau, der um einige Minuten ältere, ihm das wichtige Erstgeburtsrecht verkauft. Esau willigt ein, pfeift auf die Erstgeburt und wendet sich genüsslich den Linsen zu. Er gibt also etwas Wertvolles für ein geringes Gut her, das im Augenblick als erstrebenswerter erscheint. Genau in diesem Sinn gebrauchen wir heute dieses Bibelzitat.

Da wir nun schon von Redensarten sprechen, die aus der Bibel stammen, wollen wir noch ganz schnell eine Lanze für sie brechen. *In die Wüste schicken, zur Salzsäule erstarren, in Sack und Asche gehen, auf Herz und Nieren prüfen, an den Fleischtöpfen Ägyptens sitzen, den Staub von den Füßen schütteln, sich ins Fäustchen lachen, die Zähne zusammenbeißen, die Spreu vom Weizen sondern, sein Licht unter den Scheffel stellen, Blut schwitzen, jungen Wein in alte Schläuche füllen* etc. – ohne all diese Formulierungen aus dem Alten und Neuen Testament wäre unsere Sprache um einiges ärmer. Und um sie genau zu verstehen, gibt es ein probates Mittel: Man greift mal wieder zur Bibel.

Wie uns die Berliner
einen Bären aufbinden

Warum heißt der Bär eigentlich Bär? Ganz einfach: Unsere Vorfahren nannten ihn nach seiner Farbe. Althochdeutsch *bero* heißt *braun*. Dabei haben wir es mit einer *verhüllenden Benennung* zu tun, wie die Sprachwissenschaftler sagen. Während die Griechen und Römer dem Zotteltier einen richtigen Namen verpassten (*arktos* bzw. *ursus*), scheuten die alten Germanen – wohl aus Angst, ihn zu reizen – die direkte Benennung und nannten ihn nur den *Braunen*. Die Sprache kennt viele solche Fälle von verhüllenden oder beschönigenden Bezeichnungen – etwa *Gevatter Hein* für den Tod.

Jedenfalls spielte der Bär als Herrscher der Wälder und begehrte Jagdbeute eine gewaltige Rolle bei unseren Altvordern. Ablesbar ist das an einer ganzen Reihe von Vornamen: *Bernhard, Bernd, Benno, Bernadette* oder als Koseform *Betz. Bären* ist einer der häufigsten Namen für deutsche Gasthöfe. Und unzählige Ortsnamen gehen auf ihn zurück – von *Bärenbach* bis *Bärenweiler*, von *Bernau* bis *Bernried*. Nur die Berliner haben uns schon immer einen Bären aufgebunden. Von wegen Bär! *Berlin* geht auf ein altslawisches Wort für *Morast* zurück. Eigentlich müssten sie also schleunigst den Bären aus ihrem Wappen entfernen. Ein *Sumpfhuhn* wäre passender. Aber da wollen unsere Hauptstädter wohl nicht ran – schon gar nicht in Zeiten einer Kanzlerin.

Selbst-Erkenntnis
ist der erste Schritt

„Erkenne dich selbst!" So steht es im Apollon-Tempel von Delphi. Und keiner käme auf die Idee, diesen ebenso berühmten wie weisen Spruch der alten Griechen durch ein *selber* zu verunstalten. „Erkenne dich *selber!*" – da dreht sich Sokrates im Grab. Man sagt ja auch *„Selbst* ist der Mann", „Der brave Mann denkt an sich *selbst* zuletzt" oder „Dieser Mann ist nur noch ein Schatten seiner *selbst*". Solche bekannten Redewendungen beantworten eigentlich die Frage, die sich manche immer wieder stellen: In unserer Standardsprache heißt das Demonstrativpronomen *selbst*. Die Form *selber* wird zwar häufig gebraucht und ist auch nicht direkt falsch, aber eher umgangssprachlich. Als Norm gilt:

Geschrieben wird *selbst*, beim Sprechen darf auch mal ein *selber* durchrutschen, und im Dialekt passiert das ohnehin.

Eine kleine Verwirrung schafft allenfalls die Tatsache, dass *selbst* auch ein Adverb sein kann, und zwar im Sinne von *sogar*. Ein Satz wie „*Selbst* Singen macht Spaß" wird dann doppeldeutig, und erst die Betonung – entweder auf *selbst* oder auf *singen* – bringt Klarheit, was gemeint ist. Hier würde ein *selber* das schnelle Verstehen erleichtern, wenn jemand zum Ausdruck bringen will, dass er persönlich lustvoll losschmettert. Aber in der Regel ist die *Selbst*-Erkenntnis der erste Schritt zur Besserung. Und wer das nicht erkennen will, ist *selbst* schuld.

Aus den Teelern
in die Beage

Befremdet kommt die Kollegin von einer Theaterpremiere. Die Sprechausbildung sei heute auch nicht mehr, was sie einst war. Das *r* verschwinde mehr und mehr, das *ä* werde zunehmend zum *e*, und überhaupt... Leider ist diese Diagnose richtig, und das Theaterdeutsch, das früher als normierend galt, scheint diese Funktion mehr und mehr einzubüßen. Das Idiom der Fernseh-Moderatoren aber wird diese Lücke nicht schließen. Im Gegenteil. „Die Taliban ziehen sich aus den *Teelern* in die *Beage* zurück", ist ein Satz, der heutigen TV-Leuten locker über die Lippen kommt – umso lockerer, je nördlicher von der Main-Linie sie wohnen.

Nun geht davon die Welt nicht unter. Aber hat es das *r* verdient, dass es so einfach verschwindet? Es gibt das *Zungenspitzen-r*, das *Reibe-r* und das *Zäpfchen-r*. Je nach Stellung im Verbund der Vokale und Konsonanten, aber auch nach landsmannschaftlicher Herkunft, wird das eine oder andere gebraucht. Hier scheint sich nun der Trend zu verstärken, vor allem das *Reibe-r* innerhalb eines Wortes – nach einem Vokal und vor einem weiteren Konsonanten – zu vokalisieren, sprich zu minimalisieren. Aus *Wirt* wird *Wiat*, aus *Wert Weat*, aus *Wort Woat*. Diese Vokalisierung des *r* kann dann noch einen weiteren Effekt haben: Der vor dem *r* stehende Vokal steigt in seiner Tonqualität. So wird aus einem *ä* dann schnell ein *e*, und so gewöhnungsbedürftige Klanggebilde wie *Leam, Eamel, Gebeade* oder *Schweame* entstehen.

Diese Wandlung des *ä* zum *e* wird ohnehin immer modischer. Da fahren die *Meedchen* auf *Reedern*, die *Veeter* kommen *speeter*, und irgendwann gilt ein Satz wie „Die *Beeren* fressen Beeren" als korrekt. Gottlob fressen Eisbären eher Fisch, sonst hätten wir es in Zeiten von Knut, Flocke und Wilbär nicht mehr ausgehalten.

Gegen den Hochmut
hilft nur die Demut

„Das weiß man halt." So argumentieren gescheite Zeitgenossen gerne, wenn es um irgendwelche sprachlichen Probleme geht. Etwa um Artikel. Die hat man als Kind irgendwann einmal verinnerlicht, und das sitzt dann für alle Zeiten. Von wegen. Es gibt Gruppen von Wörtern, bei denen man schon mal ins Schleudern kommen kann, wenn es um den richtigen Artikel geht. Eine besonders verzwickte Gruppe sei hier vorgestellt:

Heißt es *die Großmut* oder *der Großmut*? Vieles scheint zunächst für *der Großmut* zu sprechen, weil es ja auch *der Edelmut* oder *der Todesmut* heißt. Aber gibt es nicht auch *die Langmut* und *die Wehmut*? In der Tat, *Großmut* ist weiblich... Man sieht, hier herrscht Klärungsbedarf. Aber Pech gehabt, denn leider lässt sich letztlich nicht viel klären. Das uralte germanische Grundwort *Mut* ist in seinen Bedeutungen sehr vielschichtig. In der Bedeutung *Tapferkeit* hat es sich erst im 16. Jahrhundert eingebürgert. Daneben konnte es schon immer auch für *Wille* stehen, für *Wut* und *Zorn*, aber auch für *Sitte*, *Gewohnheit* und *Gemütszustand*. Auf diesem Hintergrund wird einleuchtend, dass sich im Lauf der Jahrhunderte – vor allem bei Zusammensetzungen – Wörter mit wechselndem Geschlecht herausgebildet haben.

So hilft – wie so oft bei sprachlichen Problemen – nur eines: Man muss sich den richtigen Artikel merken. Es heißt *der Hochmut, der Kleinmut, der Missmut, der Übermut, der Unmut, der Gleichmut* und *der Wagemut*, aber *die Anmut, die Demut, die Sanftmut* und *die Schwermut*.

Aus dem Rahmen fällt übrigens *die Armut*. Hier heißt das Grundwort *arm* und *ut* ist ein Anhang, mit dem – ähnlich wie bei *heim* und *Heimat* – das Substantiv gebildet wurde. Und ein weiteres Wort wollen wir auch nicht vergessen: *den Wermut*. Er hat wohl nichts mit *Mut* zu tun. Dass manche Leute immer wieder einmal von *Wehmutstropfen* reden, obwohl sie *Wermutstropfen* meinen, trägt mit zur Verwirrung bei. Aber der Ursprung des Namens dieser Pflanze liegt im Dunkeln, wie schon die Gebrüder Grimm festgestellt haben. Nur eines ist sicher: Macht man daraus diesen fürchterlich bitteren Tee, so gehört *Heldenmut* dazu, ihn zu trinken. Und *Heldenmut* ist – die Frauen mögen diese Anmerkung verzeihen! – natürlich männlich.

Warum sich *Topfotograf* so schlecht liest

Schon wieder falsch! So stöhnen Redakteure auf, wenn sie ein gekoppeltes Wort wie „Bundestags-Sitzung" lesen. Denn das ist zwar verpönt, aber bekanntlich sind ansteckende Krankheiten wie die heute Bindestrichitis sehr hartnäckig.

Früher hielt man sich mit dem Koppeln von deutschen Hauptwörtern sehr zurück. Der *Donaudampfschifffahrtskapitän* (heute mit drei *f*!) war zwar ein viel zitierter Wortbandwurm, aber korrekt. Durch die Rechtschreibreform wurden die Regeln gelockert. Damit hat man dem Einfluss des Englischen Rechnung getragen, in dem auch viel gekoppelt wird. Andererseits bot sich ein verstärkter Einsatz des Bindestrichs auch wegen der Übersichtlichkeit an.

So lassen sich in der Tat Missverständnisse vermeiden. Wenn es früher zwischen *Druckerzeugnis* und *Druckerzeugnis* keinen Unterschied gab, so darf man jetzt je nachdem *Drucker-Zeugnis* oder *Druck-Erzeugnis* schreiben. Sinnvoll ist der Bindestrich zudem bei zwar korrekten, aber gewöhnungsbedürftigen Schreibweisen: *Tee-Ei* liest sich besser als *Teeei*, *See-Elefant* besser als *Seeelefant*. Und sehr empfehlenswert ist er zudem bei Wörtern, die aus verschiedenen Sprachen gebildet sind: etwa *Fangemeinde* und *Topfotograf*. Sie lesen sich eh nicht gut, aber wenn sie am Zeilenende getrennt werden, entstehen Ungetüme wie *Fange-meinde* oder *Topfo-tograf*… Deswegen besser *Fan-Gemeinde* und *Top-Fotograf*!

Nichts verloren hat der Bindestrich aber in Wörtern, in denen ein *s* zwischen den Wortgliedern steht. Denn da handelt es sich – etwa in *Widerstandsnest* – um ein altes Genitiv-*s* (also: das Nest des Widerstands), oder aber – etwa in *Unionskanzlerin* – um ein so genanntes Fugen-*s*, das nur zur leichteren Aussprache eingefügt wurde. Den Genitiv *der Unions* gibt es ja nicht.

Eine Alternative
ist manchmal keine

Der falsche Gebrauch von Fremdwörtern ist immer ein Thema für Witzeleien. *Konifere* statt *Koryphäe, Patrouille* statt *Bredouille, Muräne* statt *Moräne, Syphilis* statt *Sisyphos* – die Liste ist lang. Aber es gibt auch diffizilere Fehler. So klingen *Referenz* und *Reverenz* zwar sehr ähnlich und werden fast gleich geschrieben. Aber ihre Bedeutung ist völlig verschieden. *Referenz* kommt vom französischen *référence* und bedeutet Bericht, Auskunft. Sprechen wir von *Referenzen,* so meinen wir *von einer Vertrauensperson abgegebene und in der Regel positive Beurteilungen.* Wenn sich also jemand irgendwo bewirbt, kommt es auf seine *Referenzen* an. Das Wort kann zudem personalisiert werden: „Darf ich Sie als *Referenz* angeben?", ist eine gängige Frage, wenn einer auf Stellensuche um Unterstützung bittet.

Das Wort *Reverenz* dagegen ist vom lateinischen *reverentia =Ehrfurcht* abgeleitet und bedeutet *Ehrerbietung, Hochachtung einer höhergestellten Person gegenüber.* Wer also jemand seine Reverenz erweist, der drückt ihm seinen Respekt aus. Diese Bedeutung schwingt auch im englischen *Reverend* mit, was so viel wie *Verehrungswürdiger* heißt und als Titel für Geistliche dient.

Ins weitere Umfeld passt auch der falsche Gebrauch von *Alternative.* „Wenn du mit der Bahn nach München fahren willst, hast du zwei Alternativen", das hört man oft. Hier meint der Sprecher zwei mögliche Züge, liegt damit aber falsch. Denn streng genommen wären das vier Verbindungen. Eine *Alternative* ist die *Entscheidung zwischen zwei Möglichkeiten.* Richtig sind also Sätze wie „Man ist vor eine Alternative gestellt" oder auch „Zur Abrüstung gibt es keine Alternative".

Zur *Alternative* gibt es übrigens sehr wohl eine solche: Wer *Möglichkeit* meint, kann das ja auch schreiben.

Ein Paket ist
keine Petersilie

Am Nachbartisch im Café geht es um Glatteisunfälle mit dem Auto: „Es war nicht so schlimm", sagt ein Gast zum anderen, „ich habe den Mercedes nur ganz leicht *gestriffen*". *Gestriffen?* Obwohl es manche Schwaben fast nicht glauben können: Diese Form des Partizips gibt es allenfalls im Dialekt, schriftdeutsch ist sie nicht. Es heißt korrekt *gestreift*.

In einem anderen Fall ist es genau umgekehrt. Nehmen wir den Satz: „Boot Camps nennen sich US-Erziehungslager für straffällig gewordene Jugendliche, in denen diese richtig *geschleift* werden." So stand es einmal in der SZ – und die Form *geschleift* war leider falsch. Hier musste es *geschliffen* heißen. Allerdings gibt es bei diesem Verb im Gegensatz zu *streifen* zwei korrekte Versionen: *schleifen – schliff – geschliffen* und *schleifen – schleifte – geschleift*. Dabei kommt es jeweils auf die Bedeutung an: Ein Brett wird *geschliffen*, eine Burg wird *geschleift*.

Diesen Wechsel zwischen starken und schwachen Formen bei gleich lautendem Verb, verbunden mit einem Bedeutungswandel, gibt es häufiger, als man zunächst denken mag. Nehmen wir *wiegen*: Wird es im Sinn von *das Gewicht feststellen* gebraucht, so heißen die Formen im Präteritum *wog* und im Partizip *gewogen*. Also: „Das Paket *wog* zwei Kilo". Will man damit aber ausdrücken, dass etwas geschaukelt wird, so lauten die Formen *wiegte* und *gewiegt*. Also: „Nachdem die Mutter das Kind *gewogen* hatte, *wiegte* sie es in den Schlaf". Und wie dem Baby kann es auch der Petersilie ergehen: Weil man ein *Wiegemesser* schaukelnd hin- und herbewegt, werden Küchenkräuter ebenfalls *gewiegt* – wenn sie fein geschnitten sein sollen.

Und apropos bewegen: Hier gibt es ebenfalls zwei Bedeutungen. „Der Arzt hatte ihn dazu *bewogen*, dass er sich mehr *bewegte*". Zum einen ist *veranlassen* gemeint, zum anderen *sich regen*, *die Lage verändern.* Einen Unterschied macht es, ob einer den Teppichboden *gesaugt* hat oder sich eine Geschichte aus den Fingern *gesogen*. Auch *senden* hat starke und schwache Formen: „Die USA *sandte* Diplomaten in das Krisengebiet", aber: „Der Rundfunk *sendete* Trauermusik". Und nehmen wir *scheren*. Hier gibt es sogar drei Bedeutungen. Stark sind die Formen, wenn es um das Schneiden geht: „Das Schaf wurde *geschoren*". Schwach sind sie, wenn eine Fortbewegung gemeint ist: „Er hat sich zum Teufel *geschert*". Schließlich kann mit *scheren* auch gemeint sein, dass sich jemand um etwas kümmert. Ein Beispiel: „Um die Grammatik hat er sich noch nie *geschert*". Das ist dann schwach in jeder Beziehung.

Ein Fußballspiel
ist kein Papstbegräbnis

Bei den beiden großen Fußballfesten WM 2006 und EM 2008 haben wir es erlebt: Eine ganze Nation schaute Fußball – und das öffentlich. Das Zauberwort dabei: *Public Viewing*. Entzaubern lässt es sich wohl nicht mehr, dazu ist es zu spät. Aber dieser Begriff für das gemeinsame Fernsehen auf Großbildschirmen eignet sich dennoch, um wieder einmal bestimmte problematische Vorgänge in unserer Sprache zu beleuchten.

Public Viewing tauchte bei uns erst vor einigen Jahren mit der Vorbereitung für die WM im eigenen Land auf, quasi aus dem Nichts. Nehmen wir nur einmal das Textarchiv der Schwäbischen Zeitung als Gradmesser: Dort findet sich im Jahr 2004 ein erster und einziger Beleg, nur vier Mal stand es 2005 im Blatt, im WM-Jahr 2006 kletterte die Zahl dann auf 177, und nach der EM 2008 war sie schon auf über 1000 Treffer angestiegen. Schön amerikanisch angehaucht und *trendy*, wie er daherkam, hat dieser Fachausdruck also einen Siegeszug angetreten, der auch nicht mehr zu stoppen sein wird.

Dabei gibt es – ein ähnlicher Fall wie bei *Handy* – den Begriff *public viewing* für *öffentliches Fernsehen* in England gar nicht. Deswegen sucht man ihn auch in einem Nachschlagewälzer wie Langenscheidts Englisch-Deutschem Großwörterbuch von 2004 vergebens. Es existiert wohl ein englisches Wort *viewing* in der Bedeutung *Besichtigung, Fernsehen*. *The viewing public* heißt das Fernsehpublikum, und *public television* steht für *öffentliches Fernsehen*. Aber das gemeinsame TV-Erlebnis vor riesigen Bildschirmen würde ein Brite – so sieht man es in der Lexikon-Redaktion von Langenscheidt – allenfalls als *big screen telecast* bezeichnen. Und jetzt noch ein Blick über den Atlantik: In den USA gibt es wohl den Begriff *public viewing*, aber in einem ganz anderen Zusammenhang. Als Papst Johannes Paul II. starb, berichteten die US-Medien groß über das *public viewing of the Pope*, die öffentliche Aufbahrung des Toten in der Peterskirche...

Was lernen wir daraus? Hier wurden bei uns einfach zwei Wörter miteinander kombiniert – wohl analog zu englischen Begriffen wie *public spending* (Ausgaben der öffentlichen Hand), *public housing* (Sozialwohnung) oder *public speaking* (Redenhalten in der Öffentlichkeit). Hauptsache, die Richtung stimmt. Nun soll das alles hier nicht dramatisiert werden. Sprache lebt, und Englisch wird immer dominanter. Aber es mit irgendeinem deutschen Begriff zu versuchen, was ja normal gewesen wäre, kam bei uns schon gar niemand mehr in den Sinn. *Freilichtfernsehen* in Anlehnung an die durchaus gängigen Begriffe *Freilichtbühne*, *Freilichtmuseum* oder vor allem *Freilichtkino* hätte man als zu altmodisch abgelehnt.

Bleibt also das Phänomen der Aneignung einer Fremdsprache, ohne dass man sie richtig beherrscht. Da schwingt eine gewisse Anmaßung mit – vom Nebeneffekt, dass man damit große Teile der Bevölkerung, etwa die Älteren, die weniger Gebildeten oder die Ausländer, ausschließt, soll hier gar nicht weiter die Rede sein. Obendrein hat es etwas Naives. *Native speakers* lachen uns dafür aus. *Aufbahrung von Fußballspielern?* Die spinnen, die Deutschen.

Wie das Blaukraut
zu Rotkohl wird

„Bei der Ernte lernen die Rotkohlköpfe fliegen". So stand es einmal unter einem Bild auf der ersten Seite der SZ, und einigen stieß dieser Kohl dann doch sauer auf. „Das heißt ganz klar Blaukraut", kam der Einwand. Dabei ist die Sache überhaupt nicht klar. Denn in Schwaben, Bayern und großen Teilen Österreichs isst man zwar *Blaukraut*. Aber schon im Badnerland heißt der Rundling aus dem Garten *Rotkraut*, ebenso in der Pfalz, in Hessen, in großen Teilen Sachsens – und auch in Wien. Die Schweizer reden vom *Blaukabis*, die Rheinländer vom *roten Kappes*. Im Norden wiederum – vom Emsland bis nach Pommern – spricht man in der Tat vom *Rotkohl*.

Woher die Verwirrung? Er ist halt außen eher blau und innen eher rot, und damit er beim Kochen nicht blau wird, schüttet man Essig dran, dann bleibt er rot… Und was den Namen angeht: In manchen Regionen hat die Nutzpflanze ihren Namen aus einer lateinischen Wurzel: *Kohl* kommt von *caulis = Stängel, Stiel*. Anderorts hat das Germanische durchgeschlagen. *Kraut* stammt vom althochdeutschen *krut*, in etwa *Grünzeug*.

Auf wenigen Sprachfeldern spielen landsmannschaftliche Unterschiede eine so wichtige Rolle wie bei der Benennung von Speisen. Man denke nur an die hübschen Wortgruppen *Kartoffel – Erdapfel – Grumbeere – Arber* oder *Gelbe Rübe – Karotte – Möhre – Mohrrübe – Wuddel*. Allerdings sind solche lieben Sprachgewohnheiten in der Küche auch Schwankungen unterworfen. So sorgten etwa die großen Bevölkerungsbewegungen nach dem Krieg, vor allem die Flüchtlingsströme aus dem Osten, für viele Umschichtungen. Rezepte in Büchern, Zeitungen und Zeitschriften, Kochsendungen in Funk und Fernsehen tun heute ein Übriges, dass sich dialektale Unterschiede bei den Namen unserer Speisen verwischen. Der Prozess der innerdeutschen

Migration hält zudem an, bedingt durch die größere Mobilität in unserer Gesellschaft. Und da der Süden nicht gerade zu den unattraktiven Gauen zählt, ist halt irgendwann mit den Neubürgern aus dem Norden auch der *Rotkohl* bei uns aufgetaucht.

Aber ob *rot* oder *blau*, ob *Kohl* oder *Kraut* – Hauptsache, das ehrwürdige Gemüse bleibt uns erhalten, was in Zeiten von Fast Food ja keine Selbstverständlichkeit ist. Krautlos zu leben, wäre jedenfalls ein Unding. Da könnte einem dann nur noch ein alter Limerick Trost spenden:

Dem Pfarrer von Osterburken
stahl nachts man das Kraut und die Gurken.
„Wer Gott vertraut,
braucht kein Kraut",
hinschrieben am Zaun diese Schurken.

Von Niesern, Nutznießern
und Nieselpriemen

Hast du heute schon geniest? Eine häufige Frage an feucht-kalten Wintertagen. Oder müsste es heißen: Hast du heute schon genossen? Im Schwabenland hört man das schließlich öfters. Die Sache ist ganz einfach: Es gibt das Verb *niesen* mit weichem *s*, das regelmäßig gebeugt wird, also *niesen – nieste – geniest*, und es gibt das Verb *genießen* mit scharfem *s*, das unregelmäßig gebeugt wird, also *genießen – genoss – genossen*. Aufpassen muss man allerdings seit der Rechtschreibreform bei der wechselnden Schreibung von *ß* und *ss*.

Verwandt mit *niesen*, das selbstredend mit der *Nase* zu tun hat, sind das *Niespulver* und die *Nieswurz*, eine Pflanze aus der Familie der Hahnenfußgewächse, die angeblich auch zum Niesen reizt. Wahrscheinlich ist auch der *Nieselpriem* ein Mitglied dieser Wortfamilie rund um unser Riechorgan. In der Bezeichnung für einen mürrischen Eigenbrötler steckt nach Ansicht von Sprachforschern ein mitteldeutsches Wort *nieseln, nüseln,* das man mit *näseln, nuscheln* und im übertragenen Sinn *nörgeln* übersetzen könnte. Dass ein solcher alter Sauertopf dann auch noch einen Kautabak-Priem von einer Backe in die andere schiebt, passt ja ins Bild.

Zu *genießen,* das urverwandt ist mit *nützen,* gehört natürlich der *Genuss,* aber auch der *Nießbrauch* oder *Nießnutz,* wie man das Recht auf die Nutzung fremden Eigentums nennt Davon abgeleitet ist wiederum der *Nutznießer,* den man kurioserweise auch umdrehen kann zum *Nießnutzer.* Und auch der *Genosse* gehört hierher. Bei den alten Germanen war damit der Gefährte gemeint, mit dem man die gleiche Viehweide nutzte. Heute wird das Wort unter anderem benutzt für die Mitglieder linksgerichteter Parteien, aber auch von irgendwelchen anderen Organisationen, sprich: Genossenschaften.

Der *Genosse* gelangte übrigens in einem anderen Zusammenhang zu einer gewissen sprachwissenschaftlichen Berühmtheit. Im Vorfeld der Rechtschreibreform in den 1980er Jahren hatten einige Radikalinskis vorgeschlagen, gleich ganz auf die deutsche Großschreibung zu verzichten – wegen der basisdemokratischen Chancengleichheit und so. Dass damit die Lesbarkeit stark eingeschränkt worden wäre, scherte sie nicht. Der Satz „Ich habe liebe genossen", diente damals den Gegnern als beliebtes Beispiel für den möglichen kommunikativen Flurschaden. Denn zwischen „Ich habe liebe Genossen" und „Ich habe Liebe genossen" gibt es immerhin einen Unterschied. An Nieselpriemen geht allerdings beides vorbei.

Toter als tot
kann man nicht sein

Beurteilungen im Geschäftsleben sind – wie man leidvoll weiß – manchmal doppeldeutig. Steht in einem Zeugnis „In punkto Betriebsklima brachte er sich zur *vollsten* Zufriedenheit ein", so kann das auch als versteckte Anspielung auf den ausgeprägten Durst des Mitarbeiters gelesen werden. Aber Alkohol hin, Alkohol her – falsch ist die Formulierung obendrein. *Voll* gehört zu einer Gruppe von Adjektiven, die nicht gesteigert werden können. Zumindest nicht in der Standardsprache. Wenn Thomas Mann schrieb „Hier zeigte sich ihre Unbildung im *vollsten* Licht", so ist das die berühmte Ausnahme, die die Regel bestätigt. Der Großautor hat diesen Superlativ mit dichterischer Freiheit bewusst gesetzt, um seiner Aussage eine ironische Note zu geben.

Aber ansonsten liegt der Fall klar: Man kann nicht *nackter* sein als nackt, *stummer* als stumm, *toter* als tot. Es geht hier um Adjektive, die – im Jargon der Sprachwissenschaft – eine Eigenschaft ausdrücken, die nicht in unterschiedlichem Maß vorliegen kann. Weitere Beispiele sind: *mündlich, schriftlich, rund, golden, halb, einzig, zweifach, dreieckig, vierteilig...* Adjektive, die sich auf ein Land beziehen, gehören ebenfalls dazu: *englisch, französisch, italienisch, griechisch, russisch...* Und schließlich kennen einige Adjektive überhaupt nur eine Form: *prima, rosa, oliv, orange...*

Allerdings nimmt man es damit in der Umgangssprache nicht immer so genau. Vor allem unsere Werbetexter fahren auf falsche Superlative ab und scheuen dabei keine Sprachverhunzung. „Wir bieten Ihnen *idealste* Bedingungen für Ihre Kapitalanlage" ist eine Imponierfloskel, die eigentlich jeden Kunden sofort misstrauisch machen müsste. Und auch bei einem Satz wie „*Optimalster* Service ist stets unser Anliegen" sollte die Alarmanlage angehen.

Ein solcher Stil ist allenfalls eines: *suboptimal.* So sagt man – bewusst verniedlichend – seit geraumer Zeit, wenn man etwas gar nicht gut findet. Ein hübsches Beispiel, wie Sprachwitz funktioniert und ein Modewort entsteht.

Der Streit
um Kaisers Brezel

Nachmittags in der Redaktion: Ein Kollege lädt per E-Mail zum Ausstand. Unter anderem soll es *Butterbretzeln* geben. „Sieht dem ähnlich", sagen sich die gestandenen Oberschwaben, „er kommt halt aus dem hohen Norden. Bei uns heißt das *Brezeln*." Und schon sind wir mitten in der Diskussion, wie man das gute Stück nun wirklich schreibt.

Gehen wir ganz korrekt vor und schauen in den neuesten Duden: Dort ist *Brezel* die normale Schreibung, *Bretzel* wird als Schweizer Variante angeführt. Das Wörterbuch von Wahrig kennt nur die *Brezel*. Nimmt man allerdings die „Etymologie des Schwäbischen" von Hermann Wax zur Hand, so ist bei *Brezel* Fehlanzeige. Dafür führt das Werk an, was sich der Schwabe im Lauf der Zeit alles ausgedacht hat für sein Lieblingsgebäck: *Bretzel, Bretz* und *Bretzg*. Aber war Eduard Mörike kein Schwabe? In seinem „Haushaltsbüchlein" notiert der schwäbische Dichter-Pfarrer um 1850 den Kauf von *Fastenbretzen*, die er sehr geschätzt haben soll. Was uns direkt ins Bayerische führt, wo man meist *Bretzen*, aber auch *Brezen* schreibt. Und wie hält man es nun im deutschen Norden? In älteren Ausgaben von Wilhelm Buschs „Max und Moritz" steht: „Aber schon mit viel Vergnügen / sehen sie die *Bretzeln* liegen", in neueren ist das *t* gestrichen. In einer anderen Geschichte wiederum heißt es: „Die Schwäne aber voll Ergötzen, fraßen Heinrichs braune *Brezen*"...

Also eher ein Streit um Kaisers Brezel! Viel interessanter ist der kulturhistorische Hintergrund des typischen Kringels, der längst ganze Bände füllt. Nach dem neuesten Forschungsstand taucht die *Brezel* schon in der Antike als kultisches Gebäck auf, das dann in den Klöstern des Mittelalters seine Ausformung zum Abendmahlsgebäck erfuhr. Frühere Theorien, dass es sich ursprünglich um ein von Mönchen umfunktioniertes germanisches

Sonnenrad-Symbol handelte, gelten heute als überholt. Was die Herleitung des Namens angeht, so ist das althochdeutsche *brezzitella* auf eine Verkleinerungsform von lateinisch *bracchium* (= Arm) zurückzuführen, die noch im italienischen *bracciatello* weiterlebt. Benannt wurde das Gebilde also nach den Armen in Bethaltung, als die man die geschlungenen Teigstränge deuten kann. Jedenfalls trat die Brezel – heute Symbol der Bäckerzunft schlechthin –schon bald nach dem Mittelalter ihren weltweiten Siegeszug an. Unter anderem bis nach Amerika. Schon Mitte des 17. Jahrhunderts verkauften deutsche Bäckersleute Brezeln an die Indianer, und dass George W. Bush nach dem Genuss von *pretzels* – so die US-Schreibung! – fast sein Leben ausgehaucht hätte, ist uns ja noch in schlimmer Erinnerung.

Zurück nach Schwaben. Hier sind die braunen Dinger – mit oder ohne Butter, mit oder ohne Trollinger – aus dem öffentlichen Leben überhaupt nicht wegzudenken. Und wenn man Manfred Rommels Versen glaubt, so hat das auch einen triftigen Grund:

„Der Schwaben Klugheit? Dieses Rätsel,
die Lösung heißt: Die Laugenbrezel.
Schon trocken gibt dem Hirn sie Kraft,
mit Butter wirkt sie fabelhaft,
erleuchtet mit der Weisheit Fackel
noch das Gehirn vom größten Dackel.

Das bringt uns nun ins Grübeln, wie Zeitgenossen, die nicht die Gnade der schwäbischen Geburt hatten, jemals in den Stand der hiesigen Klugheit kommen können.

Aber wie auch immer, ein oberschwäbischer Kollege brachte es bei jenem abendlichen Umtrunk auf den Punkt: Ob *tz* oder *z*, das sei letztlich doch egal. „Hauptsache, die Brezel ist nicht *lommelig!*" Was so viel heißt wie *weich, schlaff, kraftlos.* Und woher kommt das Wort *lommelig*? In diese höchst diffizile Materie steigen wir jetzt nicht mehr ein.

Ist *krottenfalsch* grottenfalsch
oder *grottenfalsch* krottenfalsch?

Wie schreibt man etwas richtig? Manchmal helfen selbst die Nachschlagewerke nicht weiter. Ein Beispiel: Heißt es *grotten-falsch* oder *krottenfalsch*? Guter Rat ist teuer – und er bleibt es auch.

Der neueste Duden nennt nur die beiden umgangssprach-lichen Begriffe *grottendoof* und *grottenfalsch*. Im Duden-Herkunftswörterbuch findet sich der Begriff gleich gar nicht, und bei der Duden-Sprachberatung heißt es lakonisch, man rich-te sich in einem solchen nicht eindeutig zu klärenden Fall nach der Schreibgewohnheit der Mehrheit. Wenn aber die Leute mehr-heitlich *grottenfalsch* schreiben, hat es dann etwas mit *Grotte* zu tun? Auch hier landet man im Leeren. Nicht einmal das gute, alte Mammutwerk der Gebrüder Grimm kennt irgendein von *Grotte* abgeleitetes Adjektiv. Und warum soll eine *Grotte* – über italie-nisch *grotta* und lateinisch *crypta* aus dem griechischen *krypte* für *unterirdisches Gewölbe* kommend – derart negativ besetzt sein?

Aber auch die Herleitung der vor allem in Süddeutschland sehr häufig verwendeten und geschriebenen Begriffe *krottenfalsch* oder *krottenschlecht* aus *Krott* – umgangssprachlich und vor allem süddeutsch für *Kröte* – lässt sich leider nicht belegen. Wieder ist bei den Lexika Fehlanzeige. Natürlich denkt man sofort an das Bild eines fetten, schrumpeligen, glitschigen Untiers, das ja nicht gerade als Sympathieträger gilt. Aber der Symbolgehalt, der sich mit diesem Exemplar aus der Familie der Froschlurche verbin-det, ist durchaus mehrschichtig. Malten mittelalterliche Künstler eine Kröte, so war damit zwar immer ein Teufelstier gemeint, ein böser Geist, ein Unglücksbote, und Gewehrkugeln bestrich man mit Krötenspeichel, damit sie besonders todbringend wirkten... Andererseits galt die Kröte auch als heilbringendes Tier, wurde

Krötentinktur als besonders wirkmächtige Medizin geschätzt. Nicht zuletzt aber kennen wir *Krott* als Koseform für ein süßes, kleines Mädchen. Die Mainzer Narrenpräsidenten hatten keineswegs Böses im Sinn, wenn sie über Jahre hinweg ihrer Margit Sponheimer bescheinigten, sie sei *e goldisch Krott*.

Fassen wir also zusammen: Ob *krottenfalsch* grottenfalsch ist oder *grottenfalsch* krottenfalsch, lässt sich nicht endgültig sagen. Diese Kröte müssen wir schlucken.

Korsos sind
keine Korsen

„Die Begeisterung der Fans entlud sich bei Hunderten von Korsos durch deutsche Innenstädte." So tönte es während der Fußballeuropameisterschaft 2008 immer wieder in den Medien. Aber heißt es wirklich *Korsos*? In der Tat: Es heißt so. Die heikle Pluralbildung bei Fremdwörtern ist ein unerschöpfliches Thema, und der Fall *Korsos* – abgeleitet vom italienischen *corso* = *Lauf, Umlauf, Rundkurs, Kurs, Straßenzug, Umzug* – reizt zur genaueren Betrachtung.

Schauen wir uns zunächst einmal am Beispiel *Pizza* an, wie solche Einbürgerungsprozesse vor sich gehen. Einmal als allseits beliebtes Lebensmittel aus dem Urlaubsland Italien bei uns gelandet, musste die *Pizza* auch einen Plural bekommen. Die italienisch korrekte Form *Pizze* blieb eher den Snobs der Toscana-Fraktion vorbehalten. Otto Normalbürger nannte die Holzofenrundlinge im Plural zunächst einmal *Pizzas* – analog gebildet zu Pluralformen anderer Fremdwörter mit *a* im Singular wie *Pyjamas* aus dem Indischen, *Haziendas* aus dem Spanischen oder *Lamas* aus dem Peruanischen. Dann aber ging die Vereinnahmung weiter, und man hängte die typisch deutsche Pluralendung *-en* an, also *Pizzen* – wie bei *Firma – Firmen* oder *Villa – Villen*.

Nun zu den *Korsos*. Die Schreibung mit *K* zeigt, dass es sich um ein altes Fremdwort handelt, das als Bezeichnung für einen Umzug schon im 18. Jahrhundert zu uns gelangte. Hier hätte nun eine Entwicklung einsetzen können wie bei dem noch älteren Fremdwort *Konto* aus dem 15. Jahrhundert. Aus anfänglichen *Conti* im Plural wurden zunächst *Kontos* und dann – schön deutsch klingend wie bei *Pizzen* – *Konten*. Und warum landeten wir dann nicht irgendwann auch bei *Korsen*? Wahrscheinlich weil das Wort schon belegt war für die Einwohner der Mittelmeerinsel Korsika. Die Italiener haben mit *corsi* übrigens genau dieses

Problem: *Corsi* heißt *Umzüge* und *Korsen* zugleich. Ohnehin nennen sie aber eine solche Blechlawine mit verrückten Fußballfans gar nicht *corso*, sondern *corteo*...

Manchmal gibt es auch gar keinen Grund für einen *Korso*, weil das Spiel verloren ging. Dann war es halt ein *Fiasko*. Der Plural von *Fiasko* (italienisch *fiasco* = *Flasche*) heißt übrigens *Fiaskos* und nicht *Fiasken*. Wobei *Fiasken* näherläge: Wir reden ja nicht ohne Grund von *Flaschen*, wenn Fußballer eine Partie versemmeln.

Kein Wintersport
in Mekka

Stellen Sie sich vor, Sie reisen nach Mekka, nähern sich dort den heiligen Stätten – und plötzlich werden Sie umringt von Skateboardern, Sportanglern, Gebirgsjägern, Popgitarristen, Puppenstubensammlern, Goißlschnalzlern... Unmöglich, sagen Sie? Weit gefehlt. Genau das könnte passieren, wenn man den heutigen Sprachgebrauch ernst nimmt. *Mekka* ist allüberall in unseren Medien. Es gibt das *Mekka der Architektur* und das *Mekka der Volksmusik*, das *Mekka der Nanobiotechnologie* und das *Mekka der Marmeladenindustrie*, das *Mekka der Flöte* und das *Mekka der Tulpe*, das *Mekka der künstlichen Befruchtung* und das *Mekka der Freikörperkultur*. Die Wattwanderer zieht es nach Mekka, die Spritsparer, die Wracktaucher, die Rheumakranken, die Tischfußballer, die Hippies, die Schnäppchenjäger, die Membranforscher, die Koi-Züchter... Wer noch mehr Belege für die aberwitzigsten Mekka-Pilgerschaften lesen will, sollte nur mal kurz googeln.

Nun wissen wir ja alle, was damit ausgedrückt werden soll. *Mekka* – der verehrungswürdigste Ort für alle Muslime weltweit, wo sie auch möglichst einmal in ihrem Leben beten sollten – ist sprachlich zum Synonym für ein Ziel mit großer Anziehungskraft für Gleichgesinnte geworden. So weit, so verständlich. Aber allzu oft werden die Grenzen der unfreiwilligen Komik gedankenlos überschritten. Ein *Mekka der Sandboarder* mag ja gerade noch angehen – bei der Nähe zur Wüste. Aber beim *Mekka der Freestyle-Snowboarder* hört es dann auf. Wedeln im Burnus?

Also Vorsicht beim Pilgern durchs Metapherngestrüpp! Eines sollten wir allerdings auch nicht tun: statt *Mekka* einfach *Eldorado* sagen. Also zum Beispiel: „München ist das *Eldorado der Biertrinker*". Denn hier hat sich ein problematisches Fremdwort eingeschlichen. *El dorado* ist spanisch und heißt wörtlich *das*

Vergoldete, was sich auf ein sagenhaftes Indio-Land bezieht, von dem die goldgierigen Eroberer Südamerikas über Jahrhunderte schwärmten, ohne es je zu finden. Sagt man nun bei uns *das Eldorado,* so heißt das – streng genommen – *das das Goldland.* Und das ist zumindest seltsam. So lässt man es lieber, um nicht im *Mekka der Sprachverhunzer* zu landen.

Wenn das Christkind
zur Säge greift

Mit seinem Büchlein „Der weiße Neger Wumbaba" hat uns der Journalist Axel Hacke ein großes Geschenk gemacht. Wurde doch durch ihn das Phänomen des *Verhörers*, analog zum *Versprecher* erstmals ins rechte öffentliche Licht gerückt – und das auch noch sehr witzig. Aber was da im Titel dem großen Matthias Claudius passiert ist (dass seine Zeile *der weiße Nebel wunderbar* so wunderbar verunstaltet wurde), geschieht ja laufend. Jeder hat da so seine Geschichtchen parat.

Als sich 1979 die Gruppe „Dschingis Khan" mit ihrem gleichnamigen Lied bis auf Platz 4 des Grand Prix d' Eurovision de la Chanson sang, gehörte auch ein zehnjähriger Neffe zu den Verehrern dieser Deutsch-Rocker. Ganz Feuer und Flamme, setzte er sich hin und hörte die Schallplatte so oft ab, bis er sich den Text zurechtgekrakelt hatte. Da stand dann unter anderem: *Das Zeugnis liebe Kinder für eine Nacht.* Der Vater sah den Schrieb liegen, las ihn und stutzte, weil er – von Beruf Pädagoge – sich nicht vorstellen konnte, was es da nächtens zu zensieren gab. Des Rätsels Lösung hatte dann zwar wohl mit nächtlichen Aktivitäten zu tun, aber etwas anders gelagerten: *Er zeugte sieben Kinder in einer Nacht.* So war er halt, der Dschingis Khan.

Und so ist es eben, wenn man an die Grenzen seiner Erfahrungsräume stößt und sich dann etwas zusammenreimt. Bei Erwachsenen mögen solche *Verhörer* eher akustisch bedingt sein, bei Kindern aber fehlt noch der Horizont, was für unfreiwillige Komik sorgt. Gerade die Weihnachtszeit ist die hohe Zeit für solche Fehlschaltungen. Warum? Weil es hier in all den Liedern um wundersame Dinge aus einer wundersamen Welt geht, weil die Sprache nicht die Sprache des Alltags ist, und weil dann kleine Hirne schnell mal überfordert sind. Wer sagt denn heute noch *O wie lacht!* Da liegt es schon nahe, dass ganze Heerscharen von

Kindern *bei Stille Nacht, heilige Nacht* an irgendeinen Gottessohn namens *Owi* denken, der sich in der Krippe vor Lachen kringelt. Ein Knirps aus unserer Familie sang mit Inbrunst immer von den *rötlichen Hirten*, die betend vor dem Kinde knien – vielleicht dachte er an die sengende Sonne in Palästina. Ein anderer meinte partout, es heiße *kehrt mit seiner Säge ein in jedes Haus*, weil der Vater immer mit der Stihl Motorsäge im Anschlag durch den Garten zog, *der Segen* dem Kleinen aber gar nichts sagte. Es soll auch Kinder geben, die *kehrt mit seinem Besen ein in jedes Haus* singen, was im Land der Kehrwoche zwar nahe liegt, aber ebenso falsch ist.

Und noch drei Beispiele: Wer will es dem kleinen Mädchen verargen, wenn es bei „Ihr Kinderlein kommet" immer treuherzig jubelte: „Zur Krippe her kommet *ins Bettle im Stall*"? Bethlehem liegt nun mal nicht um die Ecke. Was konnte der Kinderschüler dafür, dass ihm des Bettlers abstrakte Klage aus dem Martinslied „...sonst ist der kalte Frost mein Tod" – nichts sagte und er es ummünzte in ein knallhartes „...sonst ist *der alte Froschmann tot*"? Und war der kleine Herbert nicht nur schlichtweg hellsichtig, wenn er in hungrigen Zeiten kurz nach dem Krieg die Passage „Dies Kind soll unverletzet sein" aus dem Lied „Breit aus die Flügel beide" gründlich missverstand? „Dies Kind soll *unser letztes* sein" sang er flehentlich – der kluge, junge Mann baut vor. Nur nicht noch ein weiterer Esser am Tisch...

Hören Sie deswegen, liebe Eltern, während dieser *Knaben bringenden Weihnachtszeit* – ebenfalls eine berühmte, wenn auch bei einem Geburtstag verständliche Fehlschaltung – genau hin, was ihren Kleinen da über die Lippen kommt. Aber lachen Sie nur leise in sich hinein, und lachen Sie diese Unschuldslämmchen bei ihrer Eroberung der Erwachsenenwelt nicht aus. Sonst wären Sie das, was bei einem anderen *Verhörer* aus der Vorweihnachtszeit anklingt: *Lasst uns froh und Monster sein...*

So was von
ist so was von salopp

Woher kommt heute der inflationäre Gebrauch von *so was von* in Sätzen wie „Der Abend war *so was von* gemütlich" oder „Die Bedienung war *so was von* nett"? Die Antwort ist einfach: Eine solche umgangssprachliche Wendung (*so was = so etwas*) ist irgendwann *so was von* Mode, dass jeder sie benutzt. Dann heißt es eben nicht mehr wie früher „Das Kleid steht dir bemerkenswert gut" oder „Das Kleid steht dir unglaublich gut", sondern „Das Kleid steht dir *so was von* gut". Wer sich so ausdrückt, glaubt, es sei entschieden flotter und griffiger. In der Tat klingt der Satz „Der Junge war *so was von* behämmert" ja um einiges salopper, lässiger, flotter als „Der Junge war bemerkenswert behämmert", und diese Form ist dann auch schlüssiger, weil dabei eine bewusst gewählte Sprachebene gewahrt bleibt. Aber als gutes Standarddeutsch kann man das Ganze allemal nicht bezeichnen.

Schauen wir noch kurz auf die Schreibweise: In vielen Texten findet sich *sowas* als zusammengeschriebenes Wort. Das ist schlichtweg falsch, und auch vor der Rechtschreibreform wurde es übrigens getrennt geschrieben. Anders wiederum bei *soviel*: Hier musste man früher sehr aufpassen. Heute stellt sich die Sache etwas logischer dar: Nur bei der Konjunktion *soviel* wie übrigens auch im Parallelfall von *soweit* gilt die Zusammenschreibung. Also: „*Soviel* ich weiß, kommt er heute nicht." In allen anderen Verbindungen wird getrennt geschrieben. Also: „Er hat so *viel* Geld, dass er sich jeden Urlaub leisten kann".

So viel für heute. Das ist *sowieso* (zusammen!) alles *so was von* kompliziert!

Wie ist die
werte Befindlichkeit?

Wehret den Blähwörtern! So steht es in jeder Stilfibel. Und dann halten sich die Leute nicht daran. Oder aber – was noch schlimmer ist – sie meinen wirklich, sie könnten durch möglichst geschraubt klingende Begriffe ihre Rede oder ihren Text aufwerten. Ein schönes Beispiel für diesen Trend ist das Wort *Befindlichkeit*, das vor einigen Jahren seinen Siegeszug angetreten und heute auf vielen Feldern dem alten Wort *Befinden* den Rang abgelaufen hat. Schnarrte ein nobler Galan vor hundert Jahren noch sein „Wie ist Ihr *wertes Befinden*?", so müsste er heute nach der werten *Befindlichkeit* fragen. Einige Internet-Stichproben aus deutschen Texten gefällig? Alles hat seine *Befindlichkeit* – die Bundesregierung, die Augenärzte, die ausländischen Schulkinder, die Prostatakarzinomkranken, die Turner, die Hobbyköche, die Katzen und die Kanarienvögel... Und abgedeckt wird mit diesem gestelzten Begriff ein weites Wortfeld von *Situation* über *Lage* bis zu *Gemütszustand* – das *Befinden* eben.

Nun ist das Wort keine Neuschöpfung. Es findet sich sogar schon im „Deutschen Wörterbuch von Jakob und Wilhelm Grimm" von 1853. Allerdings wird dort nur eine Belegstelle angegeben, was für jenes fundamentale Werk eine fast zu vernachlässigende Größe bedeutet. Martin Heidegger setzt den Begriff dann sehr oft ein. Nur ein Beispiel: „Die *Befindlichkeit* erschließt das Dasein in seiner Geworfenheit und Angewiesenheit". Aber der Philosoph – er kennt auch die *Bewandtnisganzheit*, die *Innerzeitigkeit* und die *Wahrheitsvoraussetzung* – hat nun mal die Sprache bewusst auf eine Meta-Ebene gehoben, um den feinen Nuancen seines universellen Denkens gerecht werden zu können. Alltagsdeutsch war das nicht. So fand sich auch *Befindlichkeit* bis in die neunziger Jahre weder im Duden noch im Wahrig. Nur das „Große Duden Wörterbuch" führte das Wort auf. Und die Belegstelle: Patrick

Süskind hatte es unter anderem in seinem Roman „Das Parfum" von 1985 benutzt. Heute ist es in einer klar definierten, allerdings auch klar einengenden Bedeutung *seelischer Zustand* sowohl im Duden als auch im Wahrig zu finden.

Natürlich wird Sprache reicher durch das Spezifizieren. Aber nicht durch gekünsteltes Spreizen. Zuviel *Befindlichkeit* ist nicht weit weg von der Lächerlichkeit – und da will doch keiner hin.

Warum Martin Luther
Thomas Mann schlägt

Thomas Mann war ein glänzender Stilist, wir wissen es. Aber ein paar Eigenheiten hat er sich manchmal schon geleistet. „Ich habe die jungen Herrschaften auch gleich erkannt, *trotzdem* es ein bisschen dunkel ist", schrieb er in „Königliche Hoheit" – und setzte sich damit kühn über die Regeln der Standardsprache hinweg. Denn *trotzdem* ist zwar ein Adverb – ein Beispiel: „Du bist zwar manchmal kratzbürstig, doch ich mag dich *trotzdem*". Aber als Konjunktion zur Einleitung eines Konzessiv- oder Einräumungssatzes wird *trotzdem* allenfalls in der Umgangssprache verwendet. Vor allem Süddeutsche neigen zu Sätzen wie: „*Trotzdem* ich dich mag, lasse ich dir nicht alles durchgehen." Schön ist das allerdings nicht. Und es hilft auch nicht weiter, wenn man hier – wie vor allem früher üblich – noch ein *dass* einschiebt. „*Trotzdem dass* ich dich mag..." Auch diese Form gilt nicht als besonders elegant. Statt *trotzdem* müssen in gutem Standarddeutsch Konjunktionen wie *obwohl, obgleich, obschon* und *wenngleich* den konzessiven Nebensatz einleiten: „*Obwohl* ich dich mag, lasse ich dir nicht alles durchgehen."

In diesem Zusammenhang ist ein Blick in die Bibel von Interesse. Denn Luther hat diese Konjunktionen noch getrennt, das heißt das Subjekt des Nebensatzes eingeschoben. „Und *ob* ich *schon* wanderte im finsteren Tal, fürchte ich kein Unglück", heißt es in diesem wunderbar altertümlichen Deutsch im Psalm 23 des Alten Testamentes. Die heutige Einheitsübersetzung vermeidet die Konjunktion: „Muss ich auch wandern in finsterer Schlucht, ich fürchte kein Unheil." Das ist zwar korrekt – aber Luther klingt schöner. *Trotzdem!*

Von Gugeln, Guggen
und Gelbfüßlern

„Des isch a rechte *Gugelfuhr!*", so stöhnt der Schwabe, wenn etwas wild durcheinander geht. Ebenso wild durcheinander gehen dann auch die Erklärungen, woher dieses Wort *Gugelfuhr* für ein *schwieriges Unterfangen* eigentlich kommt. Wie so oft in der Sprachgeschichte dürften sich mehrere Bedeutungen überlappt haben. Mittelhochdeutsch *gugelvuore* hat zwei Bestandteile: zum einen *gugel*, wohl abgeleitet von lateinisch *cuculla* im Sinn von *Kappe/Kapuze* (was sich auch im schwäbischen *Gugge* für *Tüte*, also eine umgedrehte Kappe, erhalten hat); zum anderen *vuore*, was *Fahrt* heißen kann, aber auch *Lebensweise*. *Gugelvuore* wäre also eine Art *wildes Herumtreiben unter der Narrenkappe*. *Gugel* könnte aber auch auf das mittelhochdeutsche Wort *gogel* zurückgehen, das bis heute als *Gaukelei* im Sinn von *Taschenspielerei* und *Possenreißerei* weiterlebt.

Nur eines ist also gewiss: Mit einer *Kugel* hat das Ganze nichts zu tun. Weil man Kugeln auf einem Fuhrwerk nur schwer stapeln und transportieren könne, sei eine *Kugelfuhr* so schwierig – diese Deutung wird oft im Brustton der Überzeugung vorgetragen. Sie klingt zwar plausibel, ist aber falsch. Wobei dann eine andere seltsame Fuhre ins Blickfeld rückt: Schwaben nennen Badener gerne spöttisch *Gelbfüßler*, weil – so geht das böse Gerücht – irgendwelche Dumpfbacken von jenseits des Schwarzwaldkamms einmal auf einem übervollen Wagen mit Eiern, um mehr unterzubringen, die Ladung mit nackten Füßen breittraten. Das verlangt nach Richtigstellung: Vieles spricht dafür, dass man von *Gelbfüßlern* redet, weil a) die badischen Soldaten gelbe Gamaschen trugen, oder weil b) Bauern aus dem badischen Durlach einst aus Protest Eier zerstampften, nachdem der Markgraf ihre Abgaben erhöht hatte. Wenn aber c) die Geschichte von dem Eierwagen stimmen sollte, so hat sie einen Haken: Sie stammt ursprünglich aus dem Schwabenland, genauer: von der Ostalb, und wurde erst um 1900 auf die wenig geliebten Nachbarn übertragen. In der alten Geschichte vom „Kriegszug der sieben Schwaben" wird der Bopfinger Schwabe *Gelbfüßler* genannt, weil er just das mit Eiern angestellt hat, was man heute den armen Badenern vorwirft... Was lernen wir daraus: Sprachforschung isch au a rechte Gugelfuhr.

Wenn das Runde
ins Eckige soll

„Handschuh stellte dem auf dem linken Flügel davoneilenden Kickers-Kometen Schäfer seine ganze Trickkiste auf den Schweif, so dass dem Offenbacher Rotschopf das Leuchten verging."

Aua, kann man da nur sagen. In welcher Landeszeitung diese bildmächtigen Zeilen während der siebziger Jahre standen, wird hier nicht verraten. Aber ohnehin sollte man sich das Lachen verkneifen. Im Gegenteil: Jener Schreiber verdient unser volles Mitleid, ja, unsere Hochachtung. Furchtlos war er ausgezogen und hatte sich dann halt im Metaphernwald verlaufen. Das passiert schnell, wenn man als armer Fußballredakteur jede Woche aufs Neue darüber berichten muss, wie 22 Leute einem Ball hinterher rennen. Da können einem schon die Worte ausgehen. Musikkritiker singen übrigens ein ganz ähnliches Lied: Auch sie arbeiten auf dem immer gleichen, eng begrenzten Terrain, und Beethovens Neunte zum zwanzigsten Mal zu besprechen, kann – stilistisch – sehr wohl zur Strafarbeit werden.

Aber das Metaphern-Reservoir der Fußballexperten ist von Natur aus besonders beschränkt. Das liegt am Spiel an sich. Nehmen wir den Kern des Geschehens: Da schießen *Angreifer* auf eine *Verteidigung*. Oder andersherum: Da wird eine *Abwehr* von einem *Sturm* attackiert. Und was haben wir da? Kriegsberichterstattung. Ähnliches gibt es zwar bei anderen Sportarten auch, aber der Fußball hat eine besondere Breitseite an martialischen Ausdrücken abbekommen: *Kampf, Schlacht, Schütze, Torgranate, Querschläger, Gefecht, Flanke, Schuss, Schlagkraft, Todesstoß...* Die Liste ließe sich fortsetzen.

So verwundert es nicht, dass unsere Sportschreiber immer wieder kühn den Ausbruch wagen. Da gibt es geniale Gedankenblitze, etwa „Netzer kam aus der Tiefe des Raumes". Das hat ein F.A.Z.-Reporter einst mit feuilletonistischem Schwung geschrieben, worauf seine Formulierung Kult wurde – so sehr Kult, dass sie seither in allen Variationen durch Sportberichte geistert und man sie heute eigentlich nicht mehr lesen mag. Auch „Das Runde muss ins Eckige" ist eine solche Redewendung, die man zunächst ganz witzig findet, aber irgendwann hat auch sie sich abgenutzt.

Da lobt man sich doch den neuen, frischen Zugriff, wobei dann Erkenntnisse über den steten Wandel der Sprache abfallen. Mag es manche ältere Semester auch verwundern, „Ein *geiles* Spiel" steht heute locker in der SZ, vor dreißig Jahren noch ein Ding der Unmöglichkeit. *Geil* im Sinne von *toll* ist eben längst gesellschaftsfähig geworden. Dagegen mutet uns ein anderes Beispiel heute höchst befremdlich an: Da schrieb ein wackerer SZ-Sportsmann der siebziger Jahre in merklicher Vorfreude über seine Fußball-Vorschau „Heute Abend kann es richtig *bumsen*" – und dachte natürlich nur ans Toreschießen.

Wie man sich
selbst erschreckt

Ist der bekennende Schwabe von irgendjemand erschreckt worden, dann sagt er kurz und bündig *I be verschrocke*. Basta. Im Standarddeutschen erschrickt man dagegen entschieden komplizierter: Zum einen heißt es *ich bin erschrocken*. Zum anderen aber sind auch die reflexiven Formen *ich habe mich erschrocken* oder *ich habe mich erschreckt* korrekt – so seltsam gerade Letzteres klingen mag. Denn was geht da eigentlich ab? Ich laufe nächtens an einem Busch vorbei, springe kurz dahinter, rufe schaurig „Huhu!", springe wieder zurück und habe mich dann selbst so *erschreckt*, dass ich *erschrocken* bin...

Interessant ist der sprachliche Hintergrund. In den germanischen Sprachen gibt es die uralte Familie der *kausativen Verben*, sprich: Verben, die eine Veranlassung ausdrücken. *Fällen* bedeutet etwas zum *Fallen bringen*, *senken* etwas zum *Sinken bringen*, *säugen* etwas zum *Saugen bringen*, *setzen* etwas zum *Sitzen bringen*. Manchen Verben sieht man diese Beziehung gleich an, bei anderen drängt sie sich nicht sofort auf: Wenn man *sprengt*, bringt man etwas zum *Springen*, weil es in die Luft geht. Und wenn man *sengt*, also Gras abflämmt, bringt man etwas zum *Singen*, weil da ein hoher singender Ton entsteht. Das Prinzip bei dieser Wortbildung ist immer das gleiche: Die kausativen Verben sind schwach, ihre Grundverben stark. So gehört also *schwemmen – schwemmte – geschwemmt* zu *schwimmen – schwamm – geschwommen* oder *tränken – tränkte – getränkt* zu *trinken – trank – getrunken*". Außerdem wechselt der Stammvokal im Infinitiv: *a* zu *e, e* zu *i, a* zu *äu*...

Aber natürlich gibt es keine Regel ohne Ausnahme: Manchmal sind diese Vokale im Infinitiv auch irgendwann zusammengefallen. Womit wir wieder bei *erschrecken* wären. Es heißt *erschrecken – erschrak – erschrocken* und mit der identischen

Grundform *erschrecken – erschreckte – erschreckt.* Und bei *hängen* ist es gleich: *hängen – hing – gehangen* und *hängen – hängte – gehängt.* Halten Sie das für zu kompliziert? Dann darf man die Gegenfrage stellen: Wie sollen eigentlich arme Ausländer, die die deutsche Sprache lernen wollen, mit solchen Vertracktheiten klar kommen?

Bald gras ich
an der Neckar

„Kalkutta liegt am Ganges, Paris liegt an der Seine, doch dass ich so verliebt bin, das liegt an Madeleine." So schmetterte der gute Vico Torriani 1960 und erfüllte ganz nebenbei einen volkspädagogischen Lehrauftrag. Denn gereist wurde damals ja noch nicht so viel, und so lernten die Deutschen wenigstens schon mal nebenbei ein paar geographische Begriffe. Unter anderem wussten sie nachher auch, dass es *der Ganges* heißt und *die Seine* und nicht *die Ganges* und *der Seine*. Das ist doch selbstverständlich, sagen Sie? Mitnichten. Gerade bei Flussnamen kann man sich auf das Geschlecht oft nicht verlassen.

Die Namen von Flüssen sind sehr alt, was sich leicht erklären lässt: Seit der Mensch irgendwo siedelt, braucht er Wasser – zum Trinken, zur Bewässerung, zum Transport. Deswegen benannte er diese Gewässer, und diese Namen hielten sich über Jahrhunderte, sogar Jahrtausende. Besser übrigens als Siedlungsnamen, die sich – je nach Herrschaft – auch mal änderten. Man denke an Paris, das ja einst *Lutetia* hieß, wie wir alle spätestens seit Asterix wissen. Oder ein schönes deutsches Beispiel: *Regensburg* hieß keltisch *Radasbona*, dann in Ableitung davon lateinisch *Ratisbona*, weswegen die Franzosen die Stadt heute noch *Ratisbonne* nennen. Später änderten die Römer den Namen aber nach ihrem Militärlager in *Reginum*, später *Castra Regina*, was in *Regensburg* fortlebt. Aber wie auch immer, Regensburg liegt an der Donau, und die ist heute weiblich, obwohl das Grundwort – lateinisch: *danubius* – männlich war.

Flussnamen spiegeln also alte Benennungen, die sich heute – was das Geschlecht angeht – nicht sofort erschließen. Grundsätzlich kann man davon ausgehen, dass nur wenige Flussnamen männlich sind: *der Rhein, der Main, der Inn, der Neckar*, aber bei *die Lahn* muss man dann schon wieder umdenken, obwohl sich der

Name ähnlich liest wie *Rhein*. Und auch der sehr maskulin klingende Fluss *Jagst* ist weiblich. Das führt zu der Erkenntnis, dass die meisten deutschen Flussnamen eigentlich weiblich sind: *Elbe, Saale, Leine, Nahe, Weser, Oder, Iller...* Der *Kocher* aber ist wieder männlich, wohl in Anlehnung an *der Neckar*. Die *Isar* ist allerdings wieder weiblich, obgleich sprachgeschichtlich verwandt mit dem *Neckar...* Was lernen wir daraus? Wer sich nicht ganz sicher ist, schlägt lieber nach – oder hört Vico Torriani.

Der Honoratior
mit dem Hosenträger

Auf rund 200 Millionen Euro belaufen sich alljährlich die Kosten, die durch Graffiti an unseren Hauswänden entstehen, das hat der Deutsche Städtetag ausgerechnet. Ein Ärgernis. Wes Geistes Kind diese Sprayer zudem meist sind, offenbart sich auf ihren Internetseiten: Die falsche Schreibung *Grafitti* findet sich dort zehntausendfach. Aber auch unbescholtene Zeitgenossen machen diesen Fehler. Das italienische Fremdwort *graffito* (in die Wand eingeritzte Inschrift) stammt zwar letztlich aus derselben griechischen Wurzel *graphein* (schreiben) wie auch das schwarze Mineral *Grafit/Graphit*, hat aber heute zwei *f* und nur ein *t*.

Was erschwerend hinzukommt: Es heißt *der/das Graffito – die Graffiti* und nicht *der/das Graffiti – die Graffitis*, wie viele meinen. Hier greift eine grammatikalische Regel, wonach fremde Pluralformen nicht mit einem Plural-*s* kombiniert werden dürfen. Man isst keine *Spaghettis* und wirft keine *Konfettis*, man schluckt keine *Antibiotikas* und stellt auch keine *Visas* aus.

Für Verwirrung sorgt hier wohl auch, dass wir *Graffiti* eigentlich immer in der Mehrzahl gebrauchen: Damit zählt es praktisch zu den Substantiven, die auf den schönen lateinischen Namen *Pluraliatantum* hören, sprich: in der Regel nur die Mehrzahl kennen. Da tummeln sich einige, bei denen man gar nie an diese Eigenschaft denkt. Haben Sie schon einmal gehört, dass jemand für seinen Seitensprung *ein Aliment* bezahlt? Es sind immer *die Alimente*, die er aus *seinen Einkünften* – ein weiterer Plural – berappen muss. Oder ist ein Satz möglich wie „*Der Honoratior trägt seinen Short mit einem Hosenträger*"? Mitnichten. Die Liste solcher Wörter ist lang – von *Allüren* über *Blattern, Briefschaften, Flausen, Flitterwochen, Gebrüder, Geschwister, Gliedmaßen, Kinkerlitzchen, Knickerbocker, Kurzwaren, Ländereien, Leute, Machenschaften, Masern, Memoiren, Moneten, Nachwehen,*

Preziosen, Rauchwaren, Röteln, Sperenzchen, Spikes, Streusel, Tropen, Umtriebe, Wehen und *Wirren* bis *Zeitläufte,* um nur eine Auswahl zu nennen.

Übrigens sind auch unsere Festtagsbezeichnungen *Weihnachten, Ostern* und *Pfingsten* ursprünglich Plurale, und wenn man sie auch manchmal im Singular gebraucht („Pfingsten liegt dieses Jahr sehr spät"), bei den üblichen Grüßen zum Fest greift man auf die alten Formen zurück: Man sagt nicht *Frohes Ostern,* sondern *Frohe Ostern.* Man wünscht sich zudem *Gesegnete Weihnachten,* und dann sind ja endlich wieder *Ferien!* Übrigens ebenfalls ein *Pluraletantum* – und paradoxerweise gibt es dieses Wort *Pluraletantum* im Singular.

Heimlicher als
heimlich geht nicht

Manches versteht sich von selbst, könnte man meinen – aber Pustekuchen! Immer wieder hört oder liest man, eine Kirche sei *neu renoviert* worden, und das ist zuviel des Guten. Lateinisch *renovare*, wovon unser *renovieren* kommt, heißt *erneuern, neu herrichten. Neu erneuern* oder *neu neu herrichten* ist also Unsinn. Die Sprachwissenschaft spricht hier von *Pleonasmus* oder *Tautologie*, von der unnötigen Wiederholung des schon Ausgedrückten. Bei *weißen Schimmeln* und *schwarzen Rappen*, bei *großen Riesen* und *kleinen Zwergen*, bei *seltenen Raritäten* und *alten Antiquitäten* merken wir das sofort. Bei *Einzelindividuen* oder *Zukunftsprognosen* fällt der Fehler nicht ganz so schnell auf, aber ein Individuum ist schon ein Einzelwesen, eine Prognose schon eine Voraussage für die Zukunft. Und dass wir auch bei *klammheimlich* einen Pleonasmus haben, liegt gleich gar nicht auf der Hand. Lateinisch *clam* heißt nichts anderes als *heimlich*, und noch heimlicher als heimlich kann etwas nicht über die Bühne gehen. Doch dieser Witz aus dem Altphilologenmilieu hat sich längst verselbstständigt.

Nicht immer lassen sich Wörter allerdings so einfach herleiten. Nehmen wir den *Pustekuchen*, von dem oben die Rede war. *Pustekuchen!* sagen wir und meinen *von wegen!, denkste!* oder *ganz im Gegenteil!*. Hier liegen die Wurzeln im Dunkeln. Da könnte die Redewendung *ich huste (oder puste) dir was!* eine Rolle gespielt haben. Und dazu könnte eine andere Redwendung gestoßen sein, die im 19. Jahrhundert in Berlin aufkam. *Ja, Kuchen!*, sagte man da, wenn man etwas spöttisch in Abrede stellte. Wahrscheinlich stand dabei jiddisch *chochem* Pate, was *klug* oder auch *gerissen* heißt. Also wollte man wohl sagen: „Du bist schlau, aber nicht schlau genug."

Doch wie schon gesagt: Nichts Genaues weiß man nicht. Womit wir nochmals beim Pleonasmus wären: Auch die doppelte Verneinung läuft auf eine sinnlose Wiederholung hinaus – aber sagen Sie das mal einem Bayern!

Warum *Wellness* nicht im Lexikon steht

„Kann es sein, dass Sie in der Zeitung ein Wort wie *Wellness* benutzen, das nicht mal in meinem Englisch-Lexikon steht?" Das wollte einmal ein hörbar aufgebrachter Leser am Telefon von uns wissen. Es ist in der Tat so. Stichproben in vielen englischen Wörterbüchern gehen ins Leere. Dafür hat das Wort jetzt in den neuesten Duden Eingang gefunden: *Wellness* = (engl.) Wohlbefinden, so steht da. Was in dieser Verknappung aber auch nicht stimmt.

Zwar gab es mal ein altes englisches Wort *wellness,* das auch so etwas wie *Wohlsein* bedeutete. Es verschwand jedoch wieder. *Wellness* im heutigen Sinn ist ein reines Kunstwort, das der US-Arzt Halbert L. Dunn schon Ende der fünfziger Jahre kreierte. Zusammengesetzt hat er es aus *well being,* also *Wohlergehen,* und *Fitness,* also *gute körperliche Gesamtverfassung,* und ansprechen wollte er mit dieser Neuschöpfung das austarierte Wohlbefinden von Körper, Geist und Seele. So haben wir es in diesem Fall mit einem echten Fachbegriff zu tun, der auf der allgemeinen Gesundheitswelle weltweit seinen Siegeszug antrat und ja auch nicht mehr aus dem Deutschen wegzudenken ist. *Wellness* ist all-überall – ob auf Alpengipfeln oder an der Waterkant, im Luxushotel der Costa Smeralda oder im oberschwäbischen Moorbad. Weit über 70 Millionen Einträge gibt die Internetsuchmaschine Google für deutsche Seiten an.

Wobei sich dann doch eine Frage aufdrängt: Kann bei soviel *Wellness* jemals noch jemand krank werden?

Was hat der Papst
mit Rauschgift zu tun?

Der Papstbesuch in Bayern sei ein unglaublicher *Hype* gewesen, so war damals in allen Medien zu hören oder zu lesen. Ein *Hype!* Man merke: kein *Event*, was sich doch – aus dem Englischen kommend – seit Jahren anstelle des deutschen Wortes *Ereignis* breit machte und kaum mehr zu überbieten schien? Aber ohnehin fing der Begriff *Event* in der letzten Zeit zu schwächeln an. Plötzlich reichte er nicht mehr aus, plötzlich musste alles ein *Mega-Event* sein oder gar ein *Giga-Event,* und auch die Formulierung *Mega-Giga-Event* war schon zu lesen, was sehr viel über unseren heutigen Hang zur maßlosen Übertreibung aussagt.

Den Altvorderen reichten noch die drei- und vierstelligen Zahlen, wenn sie erstaunliche und für sie kaum begreifliche Dimensionen ausdrücken wollten. Im biblischen Gleichnis vom Sämann, nachzulesen im Matthäus-Evangelium 13,8, trug der Samen *hundertfältige Frucht* – und das war für die damalige Welt wohl schon gewaltig. Allenfalls bei *Tausendgüldenkraut, Tausendblatt, Tausendsassa, Tausendschönchen* oder *Tausendfüßler* wurde dann im Lauf der Zeit noch etwas dicker aufgetragen. Und heute? *Mega* bedeutet das Millionenfache einer Einheit, *Giga* gar das Milliardenfache…

Zurück zum *Hype*. Ein Blick in das zerfledderte Englisch-Lexikon der Schulzeit bringt ein eindeutiges Ergebnis: Fehlanzeige. Auch im Lexikon der siebziger Jahre findet sich noch nichts. Erst in den Achtzigern wird man dann im großen Langenscheidt fündig und liest wenig Erfreuliches über dieses Wort: Da heißt *hype* zum einen *die Rauschgiftspritze* und *der Drogensüchtige,* zum anderen *das Täuschungsmanöver* oder *der Reklametrick.* Und was bietet der neue große Langenscheidt an? Da ist *die Rauschgiftspritze* verschwunden, auch *das Täuschungsmanöver,* dafür taucht plötzlich *der Medienrummel* auf. Aha, denkt man, jetzt stimmt wenigstens die Richtung – um dann im allerneuesten Duden wieder anders belehrt zu werden: *hype* = *aggressive Werbung, Betrug*. Das war's. Basta.

Was lernen wir wieder einmal daraus? Sprache ist immer in Schwung. Und nicht jedes fremde, kurzfristig als besonders toll empfundene Modewort hält auf Dauer, was man sich davon verspricht.

Vom Portepee
zum Pumpernickel

„Wenn es um das Gesamtbild der CDU geht, sollte die Kanzlerin ihre Landesfürsten mal beim Portepee fassen". So war einmal nach einem Parteitag der Union zu lesen. Gut gesagt – vorausgesetzt, jeder versteht, was man da von Angela Merkel wollte. Denn Sondierungen zeigen schnell, dass ein Wort wie *Portepee* heute nicht mehr unbedingt zum Standard gehört. Entlehnt wurde es aus dem Französischen (*porter* = tragen, *épée* = Schwert) und bedeutet *Degengehenk*, genauer: die goldene Zierquaste am Degen oder am Schwert eines Offiziers. Und wenn man jemand am *Portepee* fasst, legt man ihm nahe, das zu tun, was das Ehr- und Pflichtgefühl verlangt, kurz: was sich gehört.

Damit wird zur Abwechslung einmal der Blick frei auf unsere zahlreichen Fremdwörter aus dem Französischen, die früher – als der Mainstream (!) der sprachlichen Importe nicht nur aus Richtung Amerika zu uns floss – eine sehr große Rolle spielten. Nehmen wir nur mal einen Satz: „Als die Limousine vor dem Hotel vorfuhr, saß am Volant kein distinguierter Grandseigneur, sondern der Galan aus dem Etablissement gegenüber, dessen Liaison mit einer Femme fatale gerade das Sujet in den Salons der Hautevolee war..." Kaum ein Lebensbereich, der nicht über Jahrhunderte hinweg aus dem Französischen bedient wurde. Und – Stichwort *Portepee* – gerade auf dem Feld des Militärischen haben uns die Nachbarn von der anderen Rheinseite einiges an Fachausdrücken gebracht: *Kanonade, Armee, Attacke, Infanterie, Bataillon, Bombardement, Artillerie, Epauletten, Leutnant, General...*

Der *Marschall* aber, der – französisch: *maréchal* – aufs erste so gallisch klingt, ist ein uraltes deutsches Wort und geht auf den *Mährenschalk* zurück, den *Pferdeknecht*, der irgendwann im Lauf der Zeit im Rang nach ganz oben kletterte. Auch wir haben also den Franzosen einiges an Martialischem für ihren Wortschatz geliefert. Man denke nur an *le blitzkrieg, le panzer, la wehrmacht, la flak* in jüngerer, unseliger Zeit. Aber auch viele ältere Wörter gehen auf deutsche Wurzeln zurück: *bivouac* kommt von deutsch *Beiwacht, beffroi* von *Bergfried, lansquenet* von *Landsknecht, havresac* von *Habersack,* wie man in Frankreich noch bis ins 20. Jahrhundert den Proviantbeutel der Soldaten nannte.

Ansonsten hält sich unser Beitrag zur Nachbarsprache ja eher in engen Grenzen. Bei den Mineralien spricht man von *la pechblende,* bei den Pflanzen von *le edelweiss,* bei der Jagd von *le dachshund,* in der Literatur von *le leitmotiv,* in der Philosophie von *la weltanschauung,* und selbst bei den täglichen kulinarischen Freuden – ansonsten die Domäne der Franzosen schlechthin – haben sie eine klitzekleine Invasion von unserer Seite aus hingenommen: *la choucroute (Sauerkraut), le Kouglof (Gugelhupf), le rollmops, le bock, le quetsche, le kummel, la bretzel...* Und *le pumpernickel.*

Wobei beim letzten Wort eine kleine Frage erlaubt sei: Wissen Sie eigentlich, was dieses Wort bedeutet? Vornehm, wie wir sind, zitieren wir hier nur das Duden-Herkunftswörterbuch: „Der seit dem 17. Jhd. bezeugte Ausdruck für *Schwarzbrot* war früher ein Schimpfwort für einen bäurisch-ungehobelten Menschen, das man mit *Furzheini* übersetzen könnte. *Pumpern* ist *furzen, Nickel* ist die Koseform von *Nikolaus.* Das Brot wurde wegen seiner blähenden Wirkung so genannt." Da ist dann die *Kanonade* auch nicht mehr weit.

Neue Denke sorgt
für neue Schreibe

Eines Tages wurde in der SZ eine Telefonschaltkonferenz einge-führt. Sprich: Für die tägliche Themenabsprache wurden die regionalen Redaktionen des gesamten Verbreitungsgebiets der Zeitung sowie die Zentralredaktion in Leutkirch per Sammelruf verbunden. Und wie nannte man so etwas dann kurz und knapp? *Schalte.* Nach wenigen Tagen hatte sich dieses Wort eingebürgert. Weil es griffig war – und dazu noch trendy, also im Sprachtrend liegt.

Es gibt Zeitgenossen, die sich mit solchen Trends nicht abfinden und denen Formen wie *Denke* für Denkweise, *Schreibe* für Schreibstil oder *Tanke* für Tankstelle gegen den Strich gehen. In der Tat sind solche umgangssprachlichen Begriffe gewöhnungsbedürftig. Aber ein bisschen Nachsicht sollte man doch walten lassen. Einen solchen Vorgang nennt die Sprachwissenschaft *Analogbildung.* Das heißt: Was sich in einem anderen Fall als modisch salopp etabliert hat, wirkt schlichtweg stilbildend und wird dann auch fleißig nachgeahmt. So dürfte in diesem Fall ein altes Wort wie *Mache* – immerhin schon vor Jahrzehnten von Günter Grass in „Hundejahre" eingesetzt – Pate gestanden haben. Und wenn man Essen als *Pampe* schmäht, sich statt einer Zigarette eine *Fluppe* anzündet, oder eine Frau *Emanze* nennt, so sind das ähnliche Bildungen – mal leicht abwertend, mal albern, mal wichtigtuerisch, mal auch ganz flott.

Sprache lebt eben. Aber spätestens wenn – wie schon befürchtet – aus dem Backofen die *Backe* werden sollte, müsste man sich das mit der Nachsicht noch einmal überlegen.

Ich habe dich/Dich
zum Fressen gern

Mit dem Duzen geht es heute bekanntlich viel schneller als noch vor wenigen Jahrzehnten. Nur ein Indiz: In den Internet-Foren sind wildfremde Menschen sofort auf Du und Du – allerdings schreiben sie dann meistens klein. „Was *du* zu diesem Thema anmerkst, mag *dir* richtig erscheinen, ich halte *deine* Theorie allerdings für Blödsinn!". So sehen solche Sätze aus. Sehr persönlich, sehr direkt.

Gedeckt wird diese Schreibweise durch die Rechtschreibreform. Während die Anredepronomen – das offizielle *Sie* und das vertrauliche *Du* (Einzahl) / *Ihr* (Mehrzahl) – mit all ihren flektierten Formen früher prinzipiell großgeschrieben wurden, ist das heute anders. Bei Briefen an einen Adressaten, mit dem man nicht per Du ist, muss weiterhin großgeschrieben werden. Bei der Geschäftspost allemal: „Nennen *Sie* uns bitte *Ihre* zeitlichen Vorstellungen, dann werden wir *Ihnen* einen Vorschlag für ein Treffen machen!" Aber auch auf anderen Sektoren. Nehmen wir nur einen Satz aus der Eheanbahnungsbranche: „Schon die Beschreibung *Ihrer* Person lässt mich annehmen, dass *Sie* für mich die Dame meines Herzens werden könnten, weshalb ich einem Treffen mit *Ihnen* freudig entgegensehe."

Beim *Du/Ihr* ist es anders. Ursprünglich sollte hier bei der Reform mit der Großschreibung rigoros aufgeräumt werden – also kein *Du/Dir/Dich/Dein* mehr, auch kein *Ihr/Euch/Euer*. So wollte man es auch in den Schulen generell lehren Aber dann haben sich die Reformer doch noch einmal besonnen, dass Höflichkeit ja eine Zier ist, und lassen es heute in bestimmten Fällen frei. Gewöhnlich werden *du* und *ihr* sowie deren flektierte Formen kleingeschrieben – zum Beispiel in der Literatur und auch bei einem Zeitungsinterview mit einem Partner, den man duzt. Im Brief aber darf man je nach Belieben auch die Großbuchstaben wählen.

Man kann also schreiben: „Ich habe *dich* zum Fressen gern" oder „Ich habe *Dich* zum Fressen gern."

Das Reflexivpronomen *sich* wird allerdings immer kleingeschrieben. So heißt es also: „*Sie* mögen *sich* noch so sehr bei mir anbiedern, aber ich könnte *Sie* auf dem Kraut fressen." Das ist dann nicht nur sehr direkt, sondern auch sehr unhöflich – und sehr schwäbisch noch dazu.

Nicht wirklich
ist wirklich nicht nötig

Viele Zeitgenossen wundern sich über eine neue Mode im Deutschen: Da fragt jemand „Magst du Volksmusik?", und die Antwort lautet: „*Nicht wirklich*". Herkömmliches Deutsch ist das in der Tat nicht. Es gab zwar schon immer die umgekehrte Form, also *wirklich nicht*, was einer Betonung der Verneinung gleichkam. Ein Beispiel: „Willst du noch ein Eis? – „Nein, danke." – „Komm, jetzt nimm doch!" – „Nein, *wirklich nicht!*". Die jetzt aufgetauchte Form *nicht wirklich* ist dagegen eine Lehnübersetzung aus dem Angloamerikanischen. Wobei eine neue Bedeutungsebene hinzukommt: Wenn ein Amerikaner einen anderen fragt: „Are you lonesome?", bekommt er – so er nicht immer einsam ist – die korrekte, schlichte und ernst gemeinte Antwort: „not really", auf Deutsch also „eigentlich nicht". Außerdem gibt es im Englischen ein „not really!" als Ausruf im Sinne von „nicht möglich!".

In ihrem neuen Gebrauch bei uns hat die Wendung durch die bewusste Untertreibung nun allerdings eine ironische Note: Folgt auf die Frage „Gefällt dir Babsis neue Frisur?" ein lang gedehntes „*Nicht wirklich!*", so soll das heißen: „Ich finde sie affenscheußlich!". Solche Lehnübersetzungen mit einer möglichen Bedeutungsverschiebung sind Folgen unserer heutigen Nähe zum Englischen. Deutsche, vor allem junge Deutsche, hören so etwas und finden es schick – ob es gutes Deutsch ist oder nicht. Nehmen wir nur ein anderes Beispiel. Die Formulierung „*Das macht Sinn*" ist seit geraumer Zeit nicht mehr aus unseren Medien wegzudenken und doch nichts anderes als eine unnötige, eigentlich falsche Übertragung des englischen „*It makes sense*". Korrekt muss es heißen: „*Es ist sinnvoll*". Von solchen Sprachmoden geht die Welt zwar nicht unter, aber man muss sie auch nicht mitmachen – *wirklich nicht.*

Ehekrach
im Himmelbett

Nach einem blamablen Fußballspiel der Münchner Bayern war es, da rastete Trainer Jürgen Klinsmann aus: Ob er nun um seinen Kopf fürchtete, oder ob er vielmehr den Pomade-Kickern der Millionentruppe mal richtig den Kopf waschen wollte, lassen wir jetzt dahingestellt. Auf jeden Fall hatte er eine Mordswut. Eine richtige *Kabinenpredigt* sei es gewesen, schrieb der „Spiegel". Das ist eine hübsche Variante zur *Gardinenpredigt*. Und weil das auch ein nettes Wort ist, hier die Erklärung: *Gardine* nannte man

früher den Vorhang an einem Himmelbett. Die *Gardinenpredigt* war also die Standpauke, mit der eine Ehefrau ihren Gatten im Schlafzimmer empfing, wenn er sich – spät vom Wirtshaus kommend und womöglich noch angesäuselt – unter die Decke schleichen wollte.

Aber wenn wir es schon von Vorhängen haben: Wer Französisch oder Italienisch kann, hat sicher einmal über die Wortgleichheit von *jalousie/gelosia* (= *Rolladen*) und *jalousie/gelosia* (= *Eifersucht*) nachgedacht. Die Erklärung ist ganz einfach: Bei *Jalousien* kann man von innen nach außen durchschauen, wird aber von außen nicht gesehen. Damit wollten eifersüchtige Männer ihren Angetrauten zwar den Blick ins Freie gewähren, aber sie selbst den Blicken potenzieller Galane auf den Straßen entziehen. Zog eine Frau dennoch das Rollo hoch und zeigte ihre Reize, dann setzte es ebenfalls eine Standpauke – nur andersherum.

Sagen wir es leicht abgewandelt mit Bertolt Brecht: Vorhang zu – und alle Ehefragen offen.

Bei uns wird
man nicht gekündigt

Ganz gewaltig regte sich einmal eine SZ-Leserin über den falschen Gebrauch von *kündigen* auf. „Ich wurde gekündigt", höre sie überall, und das sei doch schlichtweg falsch. Es ist falsch. Wenn es sich um eine Sache handelt, folgt im heutigen Standarddeutsch nach *kündigen* der Akkusativ. Also: Man kündigt eine Mietvereinbarung, einen Tarifvertrag, eine Mitgliedschaft. Geht es aber um eine Person, so wird das Verb vom Dativ regiert. Also: „Der Chef kündigte *dem* Angestellten" oder „*Ihr* wurde zum Monatsende gekündigt". Allenfalls in Österreich kann man auch „Er wurde gekündigt" hören, aber das ist eben eine Eigenart dieser Variante der deutschen Sprache.

Das führt uns zu einem sehr ähnlich gelagerten, weil ebenfalls landsmannschaftlichen Fall von Varianten. Normalerweise heißt es: „Ich erinnere mich an jenen Abend". *Erinnern* wird hier also reflexiv gebraucht und zieht ein Objekt im Akkusativ nach sich. Nun hört man heute aber auch oft den Satz: „Ich erinnere jenen Abend". Diese Wendung mit Akkusativ-Objekt ohne Reflexivpronomen ist allerdings allenfalls umgangssprachlich, vor allem norddeutsch und klingt südlich der Mainlinie eher sonderbar, wenn nicht gespreizt.

Schließlich rückt hier noch eine recht spitzfindige Unterscheidung beim Verb *kosten* ins Blickfeld. Dieses Verb kann je nach genauer Bedeutung sowohl den Akkusativ als auch den Dativ nach sich ziehen. Gebraucht man *kosten* im Sinn von *etwas erfordern, verlangen*, so ist nur der Akkusativ erlaubt: „Das kostet dich nicht mehr als ein Lächeln" oder „Schnecken zu essen, kostete sie eine große Überwindung". Will man mit *kosten* aber ausdrücken, dass *etwas einen Verlust nach sich zieht*, so können beide Fälle stehen: „Diese Raserei kann *dich* den Führerschein kosten" oder

„Diese Raserei kann *dir* den Führerschein kosten". Allerdings gilt hier der Akkusativ als die elegantere Form.

Zurück zu unserer erbosten Leserin: Das alles musste in der Zeitung Punkt für Punkt abgehandelt werden, damit besagte Dame sich gut an uns erinnerte und nicht das SZ-Abonnement kündigte, was uns eine Leserin gekostet hätte.

Der Ungar
und das Ungare

Was ein *Unhold* ist, weiß ein jeder – mit Sicherheit kein holdes Wesen. Ein *Unglück* ist die Kehrseite von Glück, einen *Unbekannten* kennt man nicht, ein *unfreundlicher Mensch* gibt sich nicht freundlich, und *Undank* ist der Welten Lohn, weil es oft an der Dankbarkeit hapert. Steht also die Vorsilbe *un* immer für das Gegenteil? Mitnichten.

Un hat zwar meist diesen verneinenden Effekt, aber es kann sehr wohl auch verstärkend wirken. Spricht man von *Unmassen, Unmengen* oder *Unsummen,* so sind besonders große Massen, Summen oder Mengen gemeint. Genauso ist es auch bei *Kosten* und *Unkosten.* Fallen *Unkosten* an, so handelt es sich um sehr hohe Kosten und nicht um die schon sprichwörtlich gewordenen Peanuts. Und wenn sich ein Festredner *in geistige Unkosten stürzt,* dann betreibt er einen besonders hohen intellektuellen Aufwand, der dann vielleicht auf Kosten der Verständlichkeit geht.

Aus der Reihe schert dann allerdings das Wort *Untiefe.* Denn es widerspricht sich eigentlich selbst, bedeutet zum einen *unvorstellbar tief* und zum anderen *überhaupt nicht tief.* So versank einst die Titanic in den *Untiefen* des Atlantiks, die Vorentscheidung für den „Eurovision Song Contest" aber dümpelte in den unsäglichen *Untiefen* der deutschen Popmusik dahin, sprich: war an Seichtheit nicht mehr zu überbieten.

Ein kurzer Abstecher nach Kalau sei gestattet: Der Satz „Der *Ungar* mag sein Gulasch nicht *ungar"* lässt einen kurz stutzen. Aber hier den Unterschied nicht zu sehen, wäre unzweifelhaft ein *Unding.*

Im *2fel*
für die Sprachkultur

Neue Sprachmoden schleichen sich bekanntlich ganz langsam ein, wobei vieles über die Medien läuft. So mag es das Blatt mit den vier großen Buchstaben gerne groß. Auch bei den Überschriften. Die können gar nicht groß genug sein, und da opfert man für die riesigen Lettern auch bedenkenlos die Regeln der Rechtschreibung. *1. Ärzte streiken* stand da schon mal. Sollte heißen: *Erste Ärzte streiken.* Dass der Leser hier kurz aufs Glatteis gelockt wird, nehmen die Blattmacher aus Platzgründen bewusst hin. Denn jeder liest ja mal zunächst sinngemäß: *Erstens: Ärzte streiken.* Und fragt sich, was wohl danach kommen mag: *Zweitens: Studenten demonstrieren?* Oder *Drittens: Hausfrauen revoltieren?* Diese Unsitte ist übrigens nicht neu. Vor einigen Jahren stand im gleichen Blatt: *1. Störche da*, und so wartete man auch damals schon gespannt auf die Fortsetzung: *2. Amseln da, 3. Drosseln da, 4. Finken da* – alle Vögel, alle.

In der letzten Zeit greift nun diese Mode wegen des simplen Knalleffekts immer mehr um sich. Natürlich sind Ziffern am Anfang bei einer Aufzählung die Norm. Nehmen wir den Aufmarschplan für eine Festivität: 1. Eintreffen der Gäste, 2. Stehempfang im Foyer, 3. Galadinner. Und natürlich kann man Ordnungszahlen immer mit Ziffern schreiben, vor allem im Alltagsdeutsch: *der 1. Stock, die 2. Schicht, die 3. Auflage* sind normale Formen. Aber im *siebten Himmel, der sechste Sinn* oder *das achte Weltwunder* schreibt man in anspruchsvolleren Texten aus. Und noch einmal: Die Formulierung *1. Osterglocken blühen* ist schlichtweg falsch.

Viel Lärm um nichts? Solche Trends sind allemal Einfallstore für Angriffe auf die Standardsprache. Sprachökonomische, aber hässliche Formen wie *1-werden, 2-Reiher, 3-Spitz, 4-schrötig, 5-Jahresplan, 6-Eck, 7-Schläfer* etc. werden denkbar. Dann aber ist auch der Schritt zum *2fel* nicht mehr weit. Und sagen Sie jetzt nicht, das wäre nicht möglich. Wortmüll wie *4sale* ist längst in unserem Werbedeutsch angekommen – kurz, knackig, aber nicht korrekt und unfair noch dazu. Schon mit *Sale* – früher stand da ja *Schlussverkauf* in unseren Geschäften – wissen wahrscheinlich weiterhin sehr viele Bundesbürger auf Anhieb nichts anzufangen. Und *4sale* – also *for sale* (zum Verkauf), wobei man kurzerhand englisch *four* (vier) und *for* (für) gleichsetzt – geht an noch mehr Zeitgenossen vorbei. Sprachwitz hin oder her.

Da kann man nur sagen: *Habt 8!* Pardon, *habt Acht!*

Wer andenkt,
muss auch nachdenken

Vor zwanzig Jahren weilten wir wegen unserer hustenden Erstgeburt vier Wochen an der Nordseeküste. So weit, so erholsam. Weniger erholsam war eine Marotte der Zweitgeburt: Jeden Morgen, den der Herrgott gab, baute sich der Zwerg gegen sechs Uhr im elterlichen Schlafzimmer auf, knallte ein schon halb zerfleddertes Etwas aufs Bett und forderte mit Stentorstimme: „Kater-Mog-Buch anlesen!!!" Da wir beide Verfechter von frühkindlicher Lektüre waren, den Bestseller von Judith Kerr sehr nett fanden und der junge Herr eh nicht mehr in sein Bettchen zu bringen war, wechselten wir uns wohl oder übel beim *Anlesen* ab.

Was uns nun interessiert, ist die Formulierung *anlesen*. Wahrscheinlich war sie eine Analogbildung des Zweijährigen zu *anschauen* – „wenn meine Eltern mit mir ein Buch *anschauen*, dann können sie es auch *anlesen*", mag er sich gedacht haben. Was er nicht meinte, war das *Anlesen*, das wir im Deutschen durchaus kennen: 1. nur die ersten Seiten eines Buches lesen, oder 2. sich durch flüchtiges Lesen etwas oberflächlich aneignen. Er wollte seinen „Kater Mog" schon in Gänze, mit Haut und Haaren.

Analogbildungen gibt es aber auch bei Erwachsenen, und spätestens hier fällt einem das Verb *andenken* ein, das derzeit überall grassiert und das frühere *nachdenken über* ersetzt. Politiker benützen es („Die Parteispitze *denkt* gerade eine neue Strategie *an*"), Manager („Eine alternative Produktschiene wird schon *angedacht*"), und auch beim Partygeplauder hört man es laufend: „Wir haben mal einen Urlaub in Griechenland *angedacht*".

Wie jung dieses Wort noch ist, zeigt der Duden: Erst vor vier Jahren wurde es aufgenommen. Und woher kommt es? Mit dem Substantiv *Andenken* im Sinn von *Gedenken, Erinnerung, Souvenir* hat es nicht direkt zu tun. Der übliche Verdacht – schon wieder einer dieser affigen Anglizismen wie *das macht Sinn* von *it makes sense!* – lässt sich nicht erhärten. Also scheint es sich schlichtweg um ein Modewort zu handeln. So wie ich etwas *anfange, angehe, anleiere, anmahne, anreiße, antaue* oder eben auch *anlese*, kann ich auch etwas *andenken*. Im Vordergrund steht dabei die Idee eines Prozesses, der noch nicht abgeschlossen ist. Solche Neuschöpfungen tauchen irgendwann auf, und dann stehen sie plötzlich im Duden. Nehmen wir dieses Wort *andenken* also hin – allerdings in der Hoffnung, dass wer *andenkt,* anschließend auch richtig *nachdenkt.* Denn wie sang einst Juliane Werding? „Wenn du denkst, du denkst, dann denkst du nur, du denkst ...“ Da reicht *andenken* schon gar nicht aus.

Noch eines: Oben war von einer *Stentorstimme* die Rede. Das hört man sehr oft, aber die Wurzel ist weniger bekannt. Stentor war einer der Helden des Trojanischen Krieges, der eine Stimme hatte wie fünfzig Männer zusammen. So laut war unser Knirps damals zwar nicht, aber sein Befehl klingt uns noch heute in den Ohren.

Wenn der Admiral
zur Tasse greift

Es gibt eine Sprache, an die man nicht gleich denkt, wenn es um ihren Einfluss auf das Deutsche geht. Hier ein Satz: „Der Admiral ging ins Café, wo gerade einer Laute spielte, setzte sich, nachdem er Mütze und Jackett abgelegt hatte, auf ein Sofa und überlegte, ob er nun eine Tasse Bohnenkaffee bestellen sollte, einen Mokka oder doch lieber ein Sorbet von Orange und Limone sowie eine Karaffe mit Ingwer-Sirup." Zugegeben: zu Demonstrationszwecken etwas konstruiert, aber nicht ohne Reiz. Denn laut speziellen Nachschlagewerken stammen alle Hauptwörter dieses Satzes aus dem Arabischen. Und es würde überhaupt keine Mühe machen, Stoff für ähnliche Sätze zu finden – das Angebot reicht von *Algebra* über *Alkohol, Almanach, Artischocke, Elixier, Gitarre, Havarie, Juwel, Kaliber, Kandis, Karat, Kuppel, Lack, Mandoline, Marzipan, Maske, Massage, Matratze, Mumie, Razzia, Satin, Talisman, Tarif* und *Ziffer* bis *Zwetschge*.

So kam unter anderem auch ein ganz wichtiges Wort wie *Chemie* im Mittelalter aus dem Arabischen ins Deutsche, und zwar rückgebildet aus arabisch *al-kymia* = Alchimie, sprich: Schwarze Kunst, Geheimwissenschaft, Goldmacherei etc. und dann übertragen auf die exakte Wissenschaft. Hiermit lassen es manche Lexika bewenden. Es gibt allerdings auch eine Theorie, die das arabische Wort seinerseits wieder auf eine griechische Wurzel *chymia* zurückführt, was so viel geheißen haben soll wie *Schmelzen und Gießen von Metallen*. Damit aber wird endgültig der Blick frei auf den hochinteressanten kulturhistorischen Hintergrund des arabischen Erbes in der deutschen Sprache.

Über lange Jahrhunderte hinweg, da in Europa die Völker wanderten und die Kriege tobten, hatten die Araber zum einen das antike Wissen – vor allem der Griechen – übernommen, bewahrt, gepflegt und dann über Einfallstore wie Spanien und Sizilien auch nach Norden weitergegeben. Zum anderen aber konnten sie selber mit einer ausgeprägten Hochkultur aufwarten. So belegen letztlich viele der Wörter aus dem Bereich der Kunst, Musik, Medizin, Mathematik und Astronomie, aber auch des Militärs und des Handels sowie der Landwirtschaft, Botanik und Küche einen Zivilisationsstand der Araber, der dem unseren zu jener Zeit weit überlegen war.

Nichts als sprachhistorische Finessen, so mögen da manche pragmatische Menschen in den Zeiten des Internets befinden. Wozu der ganze Heckmeck! Und schon wieder sind wir beim Thema: Denn auch *Heckmeck* kommt aus dem Arabischen.

Kniefall
vor Knuddelknut

Hand aufs Herz: Wer hatte vor dem Jahr 2007 jemals länger über den Namen *Knut* nachgedacht? Als dann allerdings ein Eisbärenbaby eine ganze Nation in den kollektiven Wahn trieb, sah das anders aus. Also rücken wir diesem *Knut* noch mal kurz auf den Pelz – zumindest sprachlich.

Eines ist sicher: Von *Knute* für Kurzpeitsche kommt der Name *Knut* nicht. Jenes Wort stammt aus dem Russischen, ist aber ursprünglich germanisch und mit unserem *Knoten* verwandt. Aber wenn man im Berliner Zoo gemeint haben sollte, für einen Eisbären aus dem hohen Norden passe der nordische Vornamen *Knut* besonders gut, so stimmt das auch nur bedingt. Denn glauben wir den Sprachforschern, so ist *Knut* zwar in den skandinavischen Ländern sehr gebräuchlich – etliche dänische Könige hießen so. Aber der Name geht wohl auf das Althochdeutsche zurück und lässt sich entweder von *chnot* ableiten, was *frei, adlig* hieß, oder aber von *chnuz*, was man mit *waghalsig, keck, verwegen* umschreiben kann. Zumindest was die zweite Bedeutung angeht, machte der freche, kleine Zottelbursche seinem Namen ja auch viel Ehre.

Wie auch immer: Der ganze Bärenrummel hatte noch einen interessanten Nebeneffekt. Selten wurde im Volk der Dichter und Denker so wortmächtig getitelt wie damals, und die Journalisten überschlugen sich schier: *Knut ist zum Knuddeln, Knut ist zum Knutschen, Knut ist knorke, Knut ist knuffelig…* Und man merke: Bei diesem verbalen Kniefall vor Knut feierte doch tatsächlich der Stabreim fröhliche Urständ, den manche schon seit Wagner (*Winterstürme wichen dem Wonnemond*), Rilke (*die weite Welt erstarrte und erstickte*) und spätestens seit manchen unsäglichen Blut-und-Boden-Versen der NS-Zeit am liebsten als maniert, antiquiert und diskreditiert in der Mottenkiste der Lyrik versenkt sehen wollten.

Aber irgendwie scheint diese uralte, typisch germanische und auch durchaus kraftvolle Form des Reimens ein inneres Bedürfnis zu befriedigen. Und ausgelöst hat die Ehrenrettung in diesem Fall ein *putziger Petz*. Schon wieder ein Stabreim.

Ist die Maß nicht voll,
ist das Maß voll

Mit dem Geschlecht unserer Hauptwörter ist es so eine Sache. Zum einen wechseln die Artikel im Dialekt von Landstrich zu Landstrich – in Südbaden hört man schon mal *der Butter* und *die Huhn*, und im Schwäbischen scheuen die Eingeborenen weder *das Teller* noch *der Sofa*. Zum anderen aber gibt es Wörter, die je nach Artikel ihre Bedeutung ändern. So kommt man manchmal ins Grübeln: Heißt es nun *der Primat* oder *das Primat*, wenn man von *Vorherrschaft* spricht? Die Lösung: Beides ist richtig. Aber der Fall stellt sich noch um eine Spur komplizierter dar: „Jens Lehmann erkennt *den Primat* von Oliver Kahn nicht an" wäre zwar auf dem Höhepunkt des Torwartstreits vor der Fußball-WM 2006 ein grammatikalisch richtiger Satz gewesen, aber dennoch hätte man besser *das Primat* gesagt. Denn *der Primat* (dann allerdings mit dem Genitiv *des Primaten* statt *des Primats*) bedeutet auch *Angehöriger der Ordnung von Menschen, Affen und Halbaffen.* Und da hätte irgendwer bei dem guten Ollie gleich wieder an Bananen gedacht.

Andere Paare kennen wenigstens nur den einen oder anderen Artikel, sorgen aber immer wieder für Fehler. Als George W. Bush sein neues Abwehrsystem in Europa stationieren wollte, nahmen bei uns die sprachlichen Schildbürgerstreiche überhand: Diese Aufrüstung biete uns *das Schutzschild* vor möglichen iranischen Atomraketen, las man damals immer wieder. Richtig wäre natürlich *der Schutzschild* gewesen. Denn es gibt zwar *das Schild* (Plural: *die Schilder*), zum Beispiel *das Straßenschild*. Meint man allerdings den Teil einer Rüstung, so heißt es *der Schild* (Plural: *die Schilde*).

Damit nicht genug der Tücke: *Das Verdienst* (im Sinn von *Anerkennung*), das sich einer erwirbt, hat nicht unbedingt *den Verdienst* (im Sinn von *Bezahlung*) zur Folge. Steigt *das Gehalt* und wird das dann feuchtfröhlich gefeiert, so steigt auch *der Gehalt* an Alkohol im Blut. Und wenn *die Maß* im Bierzelt nicht voll eingeschenkt wird, ist für viele *das Maß* voll.

Da wir es eingangs vom Dialekt hatten, darf zum Schluss ein besonderes Paar nicht fehlen: *Der Mensch* gilt schlechthin als edle Krone der Schöpfung. Sagt allerdings der Schwabe *das Mensch*, so meint er es alles andere als edel. Und mit so einem *Mensch* kommt für ein gestandenes Mannsbild *der Bund* der Ehe nicht in Frage.

Das Bund gibt es übrigens auch. Aber da geht es um Petersilie.

Der Muckefuck
ist jugendfrei

„Ne geile Mucke!", das kann man als Vater schon mal hören, wenn man den Junior nach der Stimmung bei der Fete vom
Vorabend fragt. Aber dabei geht es dann nicht um eine erotisch
aufgeladene Fliege, wie man kurz meinen könnte. *Geile Mucke*
ist nichts anderes als *tolle Musik*. Interessanterweise gibt es
ein altes Wort *Mucke*, das im Musikerjargon einen einmaligen
Abendauftritt im Nebenjob bedeutete. Ob das bei *geile Mucke*
reinspielt, lässt sich schwer sagen. Im Sinn von *krassem Sound*
ist das Wort jedenfalls relativ neu und taucht erst in den jüngsten
Lexika zur Jugendsprache auf. Mal sehen, wie lange es sich hält.

Schon sehr lange hält sich dagegen das Wort *Muckefuck*, das allerdings weder mit Musik oder Fliegen zu tun hat, noch mit jener unaussprechlichen Tätigkeit in ihrer englischen Version, die
ebenfalls in ihm steckt. Die Bezeichnung für einen Kaffeeersatz
aus Zichorie oder – etwas allgemeiner – für einen miserablen
Kaffee ist ein gutes Beispiel, dass auch Sprachforscher irgendwann
am Ende sind mit ihrem Latein. Lange hat man angenommen,
das Wort sei eine Verballhornung des französischen *mocca faux*,
also *falscher Mokka*. Die Hugenotten hätten es nach Berlin mit-
gebracht, wo sie im frühen 17. Jahrhundert ja mal rund ein Fünftel
der Stadtbevölkerung stellten, und so sei es ins Deutsche gelangt.

Neuere einschlägige Nachschlagewerke haben dagegen eine
andere plausible Erklärung parat: Danach soll es erst im 19.
Jahrhundert im rheinisch-westfälischen Raum aufgekommen sein,
entstanden aus *Mucken*, was so viel heißt wie *braune Erde* oder
verwestes braunes Holz und damit auf die Farbe des Kaffeesatzes
anspielt. Den Zusatz *fuck* deutet man als rheinisch *faul*, was –
wie bei *fauler Zauber* – auf den Charakter des Unechten anspielt,
aber zudem für den Reim sorgt. Und mit jener unaussprechlichen
Tätigkeit hat es wieder nichts zu tun.

Grün ist,
wo das Herz schlägt

„Komm an meine grüne Seite!", sagt man gerne, wenn man jemand neben sich an den Tisch bittet. Aber welche ist nun die grüne Seite, die linke oder die rechte? Schon der gute Friedrich Silcher – „Mädel ruck ruck ruck an meine grüne Seite, i hab di gar so gern, i kann di leide" – ließ uns da vor über 150 Jahren im Unklaren. Doch auch heutige Recherchen ergeben kein eindeutiges Bild: Das „Wörterbuch der deutschen Umgangssprache" von Pons favorisiert die rechte Seite, wobei hier *die rechte* wohl im Sinn von *die richtige, die gute* verstanden wird. Das „Deutsche Wörterbuch" von Wahrig legt sich dagegen auf die linke Seite fest, *wo das Herz schlägt* – was alte Sozis ja schon lange wussten. Zu links neigt auch Lutz Röhrich in seinem „Lexikon der sprichwörtlichen Redensarten": Es gehe hier um *die frische, die lebendige Seite als Sitz der grünenden Lebenskraft* und damit auch um *die günstigste, liebenswürdigste Seite eines Menschen.* Wer jemand den Sitz *an seiner grünen Seite* anbiete, zeige, dass er ihm herzlich zugetan ist.

Also spricht viel für die linke Seite. Aber auch wenn es die rechte wäre, könnte man damit ja gut leben. Womit man weniger gut leben kann, ist der orthografische Aspekt. Das Adjektiv *grün* wird in diesem Fall klein geschrieben, was aber gar nicht so selbstverständlich ist. Der Duden Nr. 24 hat eigens ein Kästchen zur Klein- und Großschreibung der Verbindungen mit *grün* eingeblockt: Klein wird geschrieben *der grüne Tisch, der grüne Star, die grüne Welle, die grüne Minna, die grüne Witwe, die grüne Hölle, der grüne Junge.* Zum Teil bedingt durch die reformierte Rechtschreibreform ist beides erlaubt bei *die grüne* oder *die Grüne Grenze, die grüne* oder *die Grüne Lunge, das grüne* oder *das Grüne Trikot.* Groß geschrieben wird *die Grüne Insel, die Grüne Woche, das Grüne Gewölbe.* Letzteres seien Eigennamen sagt die Regel, und deswegen habe sich die Großschreibung eingebürgert. Das mag Sprachwissenschaftlern einleuchten, Otto Normalschreiber aber hat damit seine liebe Not. Er wird – nur ein Beispiel – auch den *grünen Star*, also den Fachausdruck für die Augenkrankheit, als Eigennamen begreifen. Denn vielleicht kann er weder den *Star* einordnen (das Wort hat nichts mit Vögeln, geschweige denn mit berühmten Schauspielern zu tun, sondern stammt von einem alt-hochdeutschen Wort für *starr blickend*), noch versteht er wohl, warum dieser *Star* dann auch noch *grün* sein soll...

Bevor wir jetzt aber noch ganz grün vor Ärger werden, hören wir lieber auf.

Da geht
die E-Mail ab

Immer mehr Post geht per Internet ab – wen wundert's! Aber schreiben die Leute dann *E-Mails* oder *e-Mails* oder *E-mails* oder gar *Emails*? Weil das Kuddelmuddel immer größer wird, sei es mal wieder gesagt: Korrekt ist laut Duden und Wahrig die Schreibweise *die/das E-Mail*.

Beim Artikel lässt man beide Formen gelten. Für die *E-Mail* spricht, dass es schließlich in der deutschen Übersetzung *die elektronische Post* heißt. Im Süden, besonders in Österreich, hört man auch oft *das E-Mail*, weil es im Englischen durch das neutrale Pronomen *it* ersetzt wird. Bei der Schreibung gilt allerdings nur *E-Mail*, also mit zwei Großbuchstaben. Was auch logisch ist, da es in einem deutschen Text im Ganzen wie ein Substantiv gebraucht wird und der zweite Bestandteil ja auch ein Substantiv ist.

Ähnlich gelagert wie E-Mail sind *E-Paper* (elektronische Zeitung) und *E-Ticketing* (elektronischer Kartenverkauf), *D-Day* (Tag X) und *B-Movie* (billig gemachter Film), aber auch *Aftershave-Lotion* (Rasierwasser) und *Job-Hopping* (häufiger Stellenwechsel) oder – ohne Bindestrich – *Soft Drink* (alkoholfreies Getränk) und *Fast Food* (Schnellkost).

Dass sehr viele Leute auch die Schreibung *Email* verwenden, ist eigentlich seltsam. Denn dieses Wort – das aus dem Französischen entlehnte *Email* oder *Emaille* für buntes Schmelzglas – ist ja, wenn auch anders ausgesprochen, schon belegt. Weil unsere Nachbarn im Westen während des Mittelalters stilbildend in dieser Technik waren, haben wir es von ihnen übernommen. Aber nebenbei bemerkt: Sprachwissenschaftlich gesehen handelt es sich um einen *Rückwanderer*. Denn *Email* geht seinerseits auf eine alte germanische Wurzel *smalt* zurück, heißt also nichts anderes als *Geschmolzenes*.

So funktioniert Sprache. Vielleicht schreiben wir ja auch irgendwann einmal eingedeutscht *Fastfud,* und vielleicht wandert dann
dieses Wort in die USA zurück, weil wir Deutsche mittlerweile
stilbildend in Sachen Allerweltspampe geworden sind. Und wenn
dann die ganze Unsitte der Billig-Buletten-Buden mit zurückwan-
dern würde, wäre es auch kein Schaden.

Von Menschern
und Mitgliederinnen

„Jetzt fährt die CDU mit Stolz und Schavan schwere Geschützinnen auf". So stand es einmal in einer großen baden-württembergischen Zeitung. Aus dem Kontext ergab sich, dass dieser irrwitzige Plural von *Geschütz* wohl nicht ganz ernst gemeint war. Dennoch wurde hier der Blick auf ein Phänomen gelenkt, das uns seit geraumer Zeit beschäftigt: Muss ein Substantiv der Korrektheit halber immer auch in seiner femininen Form gebraucht werden, um damit den Unterschied von Männlein und Weiblein zu demonstrieren? Mit der Folge, dass eine übereifrige Frauenbundvorsitzende dann schon mal von den *Mitgliederinnen* spricht?

Schauen wir mal genauer hin: Es gibt eine große Gruppe von Substantiven, bei denen neben der männlichen Form auch eine weibliche existiert: *der Anfänger* und *die Anfängerin, der Favorit* und *die Favoritin, der Kollege* und *die Kollegin, der Schneider* und *die Schneiderin* etc. Dabei kann es durchaus wichtig sein, dass man die Unterscheidung macht. Der Satz „Noch immer verdienen Rechtsanwälte mehr als Rechtsanwältinnen" funktioniert ja nur, wenn beide Formen eingesetzt werden. Etwas anders liegt der Fall, wenn die männliche Form verallgemeinernd für beide Geschlechter stehen kann. Hier spricht man von geschlechtsneutralen Personenbezeichnungen. In den Sätzen „Politiker erhöhen gerne mal schnell ihre Bezüge" oder „Frisöre sind im Allgemeinen nicht gut bezahlt" kommt es ja nicht so sehr auf die Betonung des Geschlechts an. Also kann man sich die weiblichen Formen eigentlich sparen.

Weil nun aber vonseiten der Frauen immer wieder mal geargwöhnt wurde, die Weglassung der weiblichen Formen könnte auf einer gewissen Geringschätzung ihres Geschlechts beruhen, bürgerten sich Doppelnennungen ein, auch wenn sie nicht unbedingt notwendig waren. „Liebe Christinnen und Christen" hört man bis heute oft von den Kanzeln – in Zeiten von „Bibeln in gerechter Sprache" kein Wunder. Hässliche Hilfskonstruktionen beim Schreiben wie *StudentenInnen* oder *MitarbeiterInnen* sind allerdings wieder eher im Abklingen.

Gesprochen haben wir jetzt noch nicht von Substantiven wie *die Person, die Fachkraft, das Kind* oder *das Individuum*, die sich – unabhängig von ihrem Artikel – auf beide Geschlechter beziehen können und natürlich unverändert bleiben. Dazu gehört übrigens auch *der Mensch*. Wenn der Schwabe allerdings *das Mensch* (Plural: *die Menscher*) sagt, meint er auf jeden Fall eine Frau – eine ganz besondere Sorte von Frau. Und in diesem Fall ist es eigentlich schöner, wenn keine auf die Idee kommt, das Ewig-Weibliche zu betonen.

Warum *dieselbe* Frau
nicht *die gleiche* ist

Alles fließt, sagte einst Heraklit. Also auch die Sprache. Und die floss in den letzten Jahren sogar noch ein bisschen schneller. Kaum war 2006 die reformierte Reform der Rechtschreibreform in Kraft getreten, brüteten die Experten schon wieder über neuen Lexika, Lehrbüchern, Leitfäden, Computer-Rechtschreibprogrammen....

Da freut man sich doch ehrlich über Beständiges in unserem Leben. Zum Beispiel über den Unterschied zwischen *dasselbe* und *das gleiche*. Der bleibt uns nämlich erhalten. Und weil da anscheinend viele Zeitgenossen immer ins Grübeln kommen, sei es mal wieder klargestellt: Wenn zwei Brüder *die gleiche Krawatte* tragen, dann haben sie zwar den gleichen Geschmack, aber jeder hat eine eigene Krawatte um den Hals. Dass sie beide *dieselbe*

Krawatte tragen, geht nicht. Da müssten sie schon siamesische Zwillinge sein.

Das gleiche sagt man also, wenn sich zwei verschiedene Dinge gleichen. *Dasselbe* drückt dagegen die Identität von zwei Dingen aus. Man kann also in einem Lokal *die gleiche Pizza* wie am Vortag bestellen, weil die einem so gut geschmeckt hat. Aber man kann nicht noch einmal *dieselbe Pizza* essen – die ist schon verdaut. Oder ein letztes Beispiel: Zwei Freunde können bei der Auswahl ihrer Freundinnen *den gleichen Geschmack* haben. Dass sie *dieselbe Freundin* haben, geht sogar auch – aber wahrscheinlich nicht lange gut.

Die Maultasche
und ihr Innenleben

Frohe Kunde für alle Württemberger: Das Land will die *schwä-bische Maultasche* bei der EU als regionales Produkt schüt-zen lassen. Echt ist sie bekanntlich nur mit einer Füllung aus Brät, Hackfleisch, Spinat, Petersilie und Zwiebeln. Da kennt der Schwabe auch keinen Spaß, denn auf seine Maultasche bildet er sich einiges ein. Ihn fragen, woher sie ihren Namen hat, darf man allerdings nicht. Da fängt er eher das Raten an.

Zur Entschuldigung sei es gleich gesagt: Auch die Experten wissen es nicht genau. Natürlich steckt man das Ding – schwä-bisch gesagt – ins *Maul*, und natürlich sind es irgendwie *Taschen* aus Teig. Aber so einfach liegt der Fall dann doch nicht. Dass die Maultasche im Kloster Maulbronn kreiert worden sein soll, ist nicht mehr als eine nette Legende. Der Name hat wohl auch nichts mit der Tiroler Herzogin Margarete Maultasch aus dem 14. Jahrhundert und ihrer angeblich gewaltigen Schublade zu tun. Jene Dame war wohl gar nicht so hässlich, wie man sie aus Gründen der politischen Diffamierung machte.

Interessanter ist vielmehr ein Luther-Zitat: „Das ihrer zween einander reufen oder einer dem andern eine *maultaschen* gibt", steht da einmal. Demnach hat die *Maultasche* etwas mit der *Maulschelle* zu tun, das *tasch* im Namen käme dann von *tat-schen = schlagen*, und angespielt würde damit auf die Form der dicken Quadratnudel, die man auch als angeschwollene Backe deuten kann. Wir hätten hier also einen bildlichen Begriff – man kennt das ja aus dem Schwäbischen, wo sich so aparte Speisen wie *Bubenspitzle* und *Nonnenfürzle* (Schupfnudeln und Brandteigkrapfen) auf der Speisekarte finden.

Aber Name hin oder her: Es ist jedenfalls höchste Zeit, dass durch die Demarche bei der EU einmal klargestellt wird, was in eine schwäbische Maultasche nicht hinein gehört. Zum

Beispiel Kängurukutteln. Oder – noch schlimmer – irgendetwas Undefinierbares. Denn wo liegt der Betrug näher als gerade bei Maultaschen! Thaddäus Troll hat einmal gemeint, sie könnten ebenso gut *Maultäuscher* heißen. Für Täuschmanöver sollen sie ja auch schon immer gedient haben, vor allem in der Fastenzeit. Nicht umsonst nennt man sie im Schwabenland *Herrgottsbscheißerle*. Um den lieben Gott nicht zu erzürnen, hätten die Altvorderen das verpönte Fleisch kurzerhand im Nudelteig versteckt, heißt es. Aber vielleicht hat es der Herrgott gemerkt und deswegen zur Strafe den Trollinger erschaffen ...

Das nehmen wir jetzt ganz schnell wieder zurück, sonst setzt es eine schwäbische Maultasche – im lutherischen Sinn.

Der Sumelozenner
blieb uns erspart

Weltmeisterschaften im eigenen Land weiten den Blick. Wann muss man sich bei uns schon mal mit dem Problem auseinander setzen, ob es korrekt der *Togoer* heißt oder der *Togolese*? In diesem Fall ist beides richtig. Wer nun aber daraus schließt, dass es – analog dazu – den *Ghanaer* gibt und auch den *Ghanesen*, der liegt falsch. Nur *Ghanaer* ist richtig. Warum dieses?

Fangen wir bei uns selber an: In England wohnt der *Engländer*, in Irland der *Irländer* (oder *Ire*), in Island der *Isländer*, in Deutschland aber der *Deutsche*. Den *Deutschländer* findet man heute zwar auch, aber diesen früher unbekannten Ausdruck haben die Türken für jene Landsleute geprägt, die bei uns groß geworden sind. Den *Finnländer* gibt es übrigens auch nicht, ebenso wenig den *Lappländer* oder den *Russländer*. Wenn zu Australien der *Australier* gehört, lebt dann auch in Italien der *Italier*? Mitnichten, es ist der *Italiener*. Und wie steht es mit dem Einwohner von Brasilien? Der heißt nicht *Brasilier*, was ja denkbar wäre, sondern *Brasilianer*.

Noch mehr Absonderlichkeiten gefällig? Die Nachfahren aus dem alten *Ostarrichi*, dem Grenzgebiet im Osten des Reiches, nennen wir zwar *Österreicher*, aber den *Frankreicher* aus dem Reich der Franken gibt es nicht. Den nennen wir *Franzosen*, was aus dem altfranzösischen *francois* für *Franke* abgeleitet ist. Womit man auf den Punkt kommt: Solche Bezeichnungen haben eben keinen Deut mit Logik zu tun, sondern reichen weit in die Sprachgeschichte zurück, spiegeln historische Gewohnheiten in der Selbstbenennung eines Volkes oder im Umgang der Völker miteinander. Und da hilft nur eines: sich bilden und dann halt lernen.

In diesem Zusammenhang ist ein Phänomen aus Frankreich ganz interessant: Die Bewohner der Stadt Besançon (abgeleitet von lateinisch *Bisontio*) heißen *bisontins*, jene der Stadt Béziers (abgeleitet von iberisch *Beterris*) nennen sich bis heute *biterrois* – und das sind nur zwei Beispiele von vielen. Da haben sich also die Namen der Städte in Laut und Schrift viel weiterentwickelt als die Namen ihrer Insassen. Vergleichbar wäre, wenn die Trierer heute etwa *Treverer* hießen (nach *Augusta Treverorum*, dem lateinischen Namen von Trier), die Augsburger *Vindeliker* (nach Augusta *Vindelicum*), die Mainzer *Mogunter* (nach *Moguntiacum*), die Regensburger *Reginer* (nach *Castra Regina*) oder die Rottenburger gar *Sumelozenner* (nach *Sumelocenna*)...

Das blieb uns erspart, und so minimalisieren sich die Probleme. Man muss allenfalls wissen, dass es zwar der *Zürcher* und der *Münchner* heißt und nicht *Züricher* und *Münchener*, aber der *Weingartener* und der *Friedrichshafener*. *Weigärtler* und *Häfler* wiederum werden entweder als Koseform oder Schimpfwort empfunden – je nach Standpunkt.

Warum sollte
man China loben?

„Die deutsche Sprache", so befand Mark Twain nach längerem und wohl fruchtlosem Studium derselben, „sollte man sanft und ehrfurchtsvoll bei den toten Sprachen einreihen, denn nur Tote haben genug Zeit, um sie zu lernen." Besonders in Rage gebracht hatte den berühmten US-Schriftsteller unter anderem das Phänomen der *trennbaren Verben*, also jener Verben, bei denen die Vorsilbe in bestimmten Fällen abgespalten wird und nach hinten rückt. Sein Beispiel: „Da die Koffer nun bereit waren, *reiste* er, nachdem er seine Mutter und Schwestern geküsst und noch einmal sein angebetetes Gretchen an den Busen gedrückt hatte, die, in schlichten weißen Musselin gekleidet, mit einer einzigen Teerose in den weiten Wellen ihres üppigen braunen Haares, kraftlos die Stufen herab gewankt war, noch bleich von der Angst und Aufregung des vergangenen Abends, aber voller Sehnsucht, ihren armen, schmerzenden Kopf noch einmal an die Brust dessen zu legen, den sie inniger liebte als ihr Leben, *ab*."

Nun war das, wie alles bei dem alten Spötter, natürlich heillos übertrieben. Aber ins Grübeln kann man bei diesem recht schwierigen Kapitel durchaus kommen. Es gibt zwar Regeln darüber, welche Vorsilben abtrennbar sind (*ab-, an-, aus-, bei-* in Verben wie *abfahren, ankommen, aussteigen, beistehen*) und welche *untrennbar* (*be-, emp-, ent-, er-* in Verben wie *befragen, empfinden, entschließen, ertragen*). Aber manchmal taucht auch die Frage auf, ob ein Verb überhaupt *trennbar* ist oder nicht. Nehmen wir zum Beispiel *anerkennen*. Heißt es: „Der Schiedsrichter *erkannte* das Abseitstor nicht *an*" oder „Der Schiedsrichter *anerkannte* das Abseitstor nicht"? So seltsam es klingen mag, beides ist richtig. Gleich verhalten sich unter anderem die Verben *anberaumen, anempfehlen, anvertrauen, widerhallen* und *widerspiegeln*. Die Varianten ohne Trennung – also zum Beispiel „*er anberaumte* einen Termin" – sind zwar seltener, gelten auch als antiquierter, aber korrekt sind sie schon.

Und wenn wir schon bei diesem Thema sind: Es gibt eine besondere Gruppe von zusammengesetzten Verben, die je nach Betonung eine andere Bedeutung haben und dann auch trennbar sind oder nicht. Nehmen wir zum Beispiel *umfahren*. Betonen wir **um**fahren, also auf der ersten Silbe, so ist die Bedeutung: *auf den Boden werfen* – „Er *fährt* das Verkehrsschild **um**, er hat das Verkehrsschild **um**gefahren". Betonen wir um**fahren**, also auf der zweiten Silbe, so ist die Bedeutung: *um etwas herumfahren* – „Das Schiff um**fährt** die Klippe, das Schiff hat die Klippe um**fahren**". Dann entfällt übrigens auch das *ge-* im Partizip. Weitere Beispielpaare: „Der Fährmann *setzt* ihn mit dem Floß **über**, er hat ihn **über**gesetzt – Ich über*setze* den Brief, ich habe ihn über**setzt**". Oder: „Die Decke *bricht* **durch**, sie ist **durch**gebrochen. – Die Armee durch**bricht** die Front, sie hat die Front durch**brochen**". Oder: „Die Augen *gehen* ihm **über**, die Augen sind ihm **über**gegangen. – Er über*geht* ihn beim Zählen, er hat ihn über**gangen**"...

Das soll reichen, ansonsten gehen auch uns die Augen über und wir müssen dem guten Mark Twain Abbitte leisten. Aber noch mal kurz zurück zu *anerkennen*. Ob man es nun trennt oder nicht, was man damit sagen will, sollte schon klar sein. Anfang der sechziger Jahre fabrizierte ein SZ-Politikredakteur für die Seite 1 den schönen Titel: „London *anerkennt* China". Der hatte nur einen Fehler: Er war zu lang. So griff der Schriftsetzer eigenhändig zu einer – wie er meinte – genialen Lösung. Als der Redakteur zur Blattkontrolle kam, stand da: „London *lobt* China". *Anerkennen* kann zwar auch *loben* heißen, aber gemeint war natürlich die Aufnahme diplomatischer Beziehungen. Warum sollte China gelobt werden?

Das sehen viele Leute heute noch so.

Von der Ranz
bis zur Rausche

Mit der *Ranz* fängt es an, nach der die *Reihzeit* beginnt, die von der *Rammelzeit* abgelöst wird, bevor die *Blattzeit* kommt, die in die *Brunft* übergeht, auf die die *Rausche* folgt... Alles verstanden? Die Rede ist hier von der Abfolge der Paarungszeiten von Fuchs, Ente, Hase, Reh, Hirsch und Wildschwein durchs Jahr hindurch. Und für Jäger stellt ein solcher Satz überhaupt kein Problem dar. In Jahrhunderten herausgebildet, ist die Jägersprache zum einen ein urwüchsig-kraftvolles Fachidiom, in dem sich die Waidmänner schnell und sachgerecht verständigen können, zum anderen hat sie natürlich wie alle Standessprachen einen gewissen Ausgrenzungseffekt. Wer nicht weiß, was sich hinter *Lichter, Lauscher, Windfang, Äser, Lecker, Drossel, Blatt, Gescheide, Tragsack* und *Weidloch* verbirgt (nämlich *Augen, Ohren, Nase, Maul, Zunge, Luftröhre, Schulter, Eingeweide, Gebärmutter* und *After* beim Haarwild), gehört halt nicht dazu.

Aber auch wir Nichtjäger drücken uns manchmal waidmännisch aus – ohne es allerdings zu merken. Hier drei Beispiele: Dass irgendjemand *zur Strecke gebracht* wird, also erledigt, getötet, vernichtet, hört man oft. Damit wird auf die *Strecke* angespielt, und so nennt der Jägersmann die nach der Jagd am Sammelplatz aufgereihten erschossenen Tiere.

„Das ist mir *durch die Lappen gegangen*", sagt man gerne, wenn einem etwas entwischt ist. Wer Gemälde von früheren hochherrschaftlichen Jagden genauer anschaut, versteht den Hintergrund. Da mussten Jagdgehilfen vor der großen Hatz über Hunderte von Metern Schnüre mit Stofffetzen spannen, um das aufgescheuchte Wild wie durch eine Gasse vor die Flinten treiben zu können. Schlug sich nun ein schlaues Hirschlein trotz allem vor dem Finale mortale seitwärts in die Büsche, so war es durch die Lappen gegangen.

Pikant ist schließlich eine weitere Redewendung, der man die Herkunft aus der Jägersprache auch nicht sofort ansieht. *Auf den Strich gehen* hat etwas mit dem Balzflug der männlichen Schnepfen zu tun, der bei Jägern *Strich* heißt. *Schnepfe* sagt man zwar bis heute zu einer etwas dümmlichen Frauensperson. Früher war *Schnepfe* aber auch ein anderes Wort für eine Dame des horizontalen Gewerbes oder – um bei Vögeln zu bleiben – eine Trottoirschwalbe, weswegen man den Treffpunkt der paarungswilligen Freier eben den *Strich* nannte. Und das blieb so.

Wie heißt noch mal der alte Jägerspruch? „Das Wildschwein *rauscht* im Januar, der Mensch, der *rauscht* das ganze Jahr". Eben.

Der oder die,
das ist hier die Frage

„Der Junge ist eine Waise." *Eine* Waise? Auch wenn viele es nicht glauben wollen, dieser Satz stimmt. Waise – wortgeschichtlich verwandt mit *Witwe* in der Bedeutung *verlassen sein* – ist in der Tat nur weiblich. Das muss einen auch nicht verwundern in einer Sprache, in der *der Löffel* männlich ist, *die Gabel* weiblich und *das Messer* sächlich. Da bekommen Ausländer Schreikrämpfe... Jedenfalls gibt es viele Substantive im Deutschen, die sich unabhängig von ihrem grammatikalischen Geschlecht auf Personen beiderlei Geschlechts beziehen können: der Mensch, die Person, die Fachkraft, das Mitglied, das Kind ... Wir sagen ja auch: „Anton ist *eine Memme*" oder „Anna ist *ein Tollpatsch*". Wobei – nebenbei bemerkt – die Schreibung *Tollpatsch* statt früher *Tolpatsch* zu den aberwitzigen Ungereimtheiten der Rechtschreibreform von 1996 zählt. Denn dieses Wort bedeutet ja nicht, dass da einer *toll patscht*. Es kommt aus dem Ungarischen (*talpas* = *breitfüßig*) und ist ein Übername für den einfachen, unbedarften Fußsoldaten oder Infanteristen, so etwas wie bei uns der *Schütze A*.... Man habe das Wort durch die Angleichung an *toll* vereinfachen wollen, bekundeten damals treuherzig die Reformer

Wenn wir schon von Vereinfachung sprechen, dann wäre gerade das Geschlecht der Substantive ein dankbares Arbeitsgebiet gewesen. Denn hier gibt es doch einige Wörter, bei denen man regelmäßig ins Grübeln kommt, weil weiterhin auch im Standarddeutschen verschiedene Artikel möglich sind (der gebräuchlichere steht bei der folgenden Aufzählung vorne): *der/die Paprika, der/die Salbei, der/die Sellerie, der/die Spachtel, der/die Triangel, der/die Wulst, der/das Dotter, der/das Gulasch, der/das Gully, der/das Joghurt, der/das Kaugummi, der/das Kehricht, der/das Keks, der/das Klafter, der/das Niet, der/das Pflichtteil, der/das Schlamassel, der/das Schlüsselbund, die/das Schorle, die/*

das Cola, das/der Barock, das/der Begehr, das/der Gelee, das/der Match, das/der Radar, das/der Spray, das/der Tabernakel, das/der Virus und – ein exotischer Nimmersatt, was die Artikel angeht – *der/das/die Zigarillo*. Da könnte manchen Zeitgenossen der Abscheu packen. *Der* Abscheu? *Die* Abscheu ist genauso korrekt. Einfach abscheulich.

Burenkrieg
in Oberbayern

Wer ist Carmen Burena? Muss man sie kennen? So fragten wir uns vor ein paar Jahren verdutzt, als sich ein Kollege von der Pressekonferenz zu einer Open-Air-Gala auf dem Ulmer Münsterplatz meldete und es sehr wichtig hatte mit der berühmten Sängerin namens Carmen Burena, die dort in Bälde auftreten werde... Carl Orffs in der Tat berühmte *Carmina Burana* – immerhin die weltweit meistgespielte Komposition der E-Musik des 20. Jahrhunderts – hatten ihm schlichtweg nichts gesagt.

Der tiefere Sinn dieses Namens scheint sich jedoch auch anderen nicht zu erschließen. Dass ein Freiburger Germanistik-Student einst im Examen auf die Frage nach den *Carmina Burana* vollmundig verkündete, es seien *Lieder aus dem Burenkrieg*, ist eine immer wieder gern erzählte Geschichte. Aber auf ähnlich falscher Fährte befand sich ein Rundfunkreporter beim Münchner Kick des FC Bayern gegen 1899 Hoffenheim: Da habe man extra die *Carmina Burana*, also Orffs *Bäuerliche Gesänge*, über die Stadionlautsprecher dröhnen lassen, meinte der Journalist – hörbar angetan von seiner gelungenen Anspielung auf das Kuhdorf aus dem Kraichgau, das sich frech in die Großstadt an der Isar gewagt hatte. Nun zur Klarstellung: Die *Carmina Burana* sind eine Sammlung von um das Jahr 1200 verfassten, überwiegend lateinischen, zum Teil aber auch mittelhochdeutschen Minne- und Trinkliedern, die in der Bibliothek von Kloster Benediktbeuern kurz nach der Säkularisation von 1803 zufällig entdeckt wurden. *Carmina* heißt lateinisch *die Lieder*, von *Bura Sancti Benedicti*, dem latinisierten Namen des Klosters, leitet sich das Adjektiv *Burana* ab, und Carl Orff hat auf diese Texte eine hinreißende Musik geschrieben.

Nebenbei bemerkt: Der oberbayerische Ort heißt wirklich Benedikt*beuern* und nicht Benedikt*beuren*, wie oft – in irrtümlicher

Anlehnung an Blau*beuren*, Otto*beuren* oder Kauf*beuren* – geschrieben wird. Rund 50 000 falsche Einträge von *Benediktbeuren* finden sich beim Googeln im Internet! Aber auch *Carmen Burena* geistert übrigens hundertfach bei Google herum. Gemeint sind jedoch durchweg die *Carmina Burana*. „Du bist nicht allein!", könnte man also jenem Kollegen tröstend zurufen. Aber er hat sich beruflich verändert – weit weg von irgendwelchen Carmens und Carmina.

Dot, Dot,
Komma, Strich

„SZ-Aktion für die I-Dötze". Diese Überschrift sollte vor einigen Jahren auf der Seite 1 der Schwäbischen Zeitung erscheinen, rechtzeitig vor der Einschulung der neuen Erstklässler im September. Aber der Titel wurde nach einer sehr kurzen Diskussion in der Redaktionskonferenz dann doch gekippt. Der Grund: Außer den gebürtigen Rheinländern unter den Redakteuren, aus deren Umfeld er stammte, begriff ihn keiner. Der Ausdruck *I-Dotz* oder *I-Dötzchen* für Schulanfänger war den süddeutschen Kollegen schlichtweg unbekannt. Und bis dato hat er sich bei uns auch nicht eingebürgert.

Das Wort *dot* dagegen hört man heute umso häufiger. *Dot* – englisch für *Punkt, Tupfen* – ist der Punkt in Internet-Adressen, zum Beispiel bei *www.google.com*, gesprochen: *www-dot-google-dot-com*. Daher kommt unter anderem der Name *Dotcom* für Internet-Firmen. Bei der Nennung von englischen Homepage-Namen ist auch nichts gegen *dot* einzuwenden. Albern wird es allenfalls, wenn – wie verstärkt zu hören – ganz Übereifrige *dot* schon synonym für *Punkt* in einem deutschen Umfeld verwenden. Zum Beispiel: „Schauen Sie doch mal auf der Seite *blasmusik-dot-de* nach!". Da ist es dann nicht mehr weit zu einer neuen Variante des alten Kinderreims: *Dot, Dot, Komma, Strich.*

Zurück zu den *I-Dötzchen*. Direkt belegen lässt es sich nicht, aber aller Wahrscheinlichkeit nach ist der englische *dot* sprachgeschichtlich mit dem *Dotz* an Rhein und Ruhr verwandt. Wenn man *I-Dötzchen* als *I-Pünktchen* begreift, liegt der Bezug nahe. *To dot an i* sagen die Engländer, wenn sie *einen Punkt aufs i setzen*. Und das *i* mit seinem *i-Punkt* gehört ja auch zu den ersten Feinheiten unserer deutschen Sprache, die man Abc-Schützen beibringt.

Apropos *Abc-Schützen*. Immer häufiger liest man *ABC-Schützen* mit großem *B* und großem *C*, was aber falsch ist. Es gibt zwar die *ABC-Staaten*, ein anderer Name für die drei lateinamerikanischen Länder Argentinien, Brasilien und Chile. Und es gibt auch die *ABC-Waffen*, worunter man die unselige Dreierkombination von atomarer, biologischer und chemischer Kriegsführung versteht. Bei *Abc-Schützen* dagegen bleiben *b* und *c* klein. Warum? Der Duden will es so. *Dot.*

Wir können alles –
außer dem Komparativ

Manchmal lässt der Duden uns ja die Wahl. Unser alter Deutschlehrer im Gymnasium tobte zwar immer furchtbar los, wenn einer nicht *sowohl – als auch* sondern *sowohl – wie auch* schrieb, aber das war wohl zu viel des spätwilhelminischen Purismus. Man darf – so die einschlägigen Werke heute – durchaus auch sagen: „Ich mag sowohl Rotwein *wie* auch Weißwein."

Etwas anderes ist es mit dem typischen schwäbischen Komparativ, vor dem leider auch gebildete Zeitgenossen in Württemberg nicht gefeit sind. „Im Löwen isst man besser *wie* im Adler", tönt da mancher munter drauflos, und das ist allenfalls Dialekt, aber kein Standarddeutsch. Im Positiv wird zwar beim Vergleich das Wörtchen *wie* gebraucht, also „Leberwurst ist genau so fett *wie* Blutwurst". Im Komparativ aber ist das *als* unerlässlich, also „Spätzle sind bekömmlicher *als* Pommes frites".

Manche Hiesige setzen dann frohgemut noch einen drauf und sagen: „Ich esse lieber Sauerbraten *als wie* Gulasch". Da scheint dann jener Hang zur Redundanz, also zum Überfluss, mit ihnen durchzugehen, der dem Schwäbischen ohnehin innewohnt. So baut man hierzulande – wie uns das Beispiel Jürgen Klinsmann lehrt – ja auch gerne das Relativpronomen noch etwas aus. Nur ein Beispiel: „Die Aufstellung, *die wo* ich mir fürs WM-Endspiel ausgedacht habe, verrate ich jetzt noch nicht", verkündete er 2006 vollmundig. Mal abgesehen davon, dass alle, die wo uns damals schon im Endspiel sahen, letztlich ohnehin falsch lagen: Diese Entgleisung war fast noch schlimmer als der Satz „Lehmann hält besser *wie* Kahn".

Aber vielleicht lernen die Schwaben das alles noch. Bei dem enormen Wohlfühlfaktor, den man dem Süden Baden-Württembergs in Umfragen immer wieder bescheinigt, wird der Zuzug aus anderen deutschen Gefilden sicher weiterhin stark zunehmen. Diese

Neuschwaben aber haben die korrekte Steigerung schon mit der Muttermilch verinnerlicht, und das dürfte dann mit der Zeit auf die Einheimischen abfärben. „Wir können alles – außer dem Komparativ" ist als Werbeslogan jedenfalls ein Auslaufmodell.

Ihrer Taten
schwarzes Bild

Schwarzer Block – auf dem Höhepunkt der Demos gegen den Weltwirtschaftsgipfel von Heiligendamm 2007 beherrschte dieser Begriff die Medien, und beim NATO-Gipfel in Straßburg 2009 tauchte er auch wieder auf. Neu war er allerdings nicht. Angeblich wurde er erstmals 1981 von einem Staatsanwalt gebraucht, der vor Gericht Klage gegen gewalttätige Demonstranten führte. Natürlich gab hier zunächst einmal die Farbe der Kleidung die Benennung vor. Aber bei *schwarz* kommen noch andere Assoziationen ins Spiel.

Schwarz ist in unserem westlichen Kulturkreis die Farbe der Trauer, und da schwingen dann doch eher unangenehme Gefühle mit – Schmerz, Abschied, Einsamkeit. Aber schwarze Kleidung hat daneben sogar eine geradezu vornehme Tradition. Einmal abgesehen von den schwarzen Kutten mancher Mönche war die Kleidung des Mittelalters schmutzig braun bis grell bunt. Kleidung schön schwarz zu färben, kam viel zu teuer. Erst mit dem Reichtum der Städter in der frühen Neuzeit wuchs der Hang zum fürnehmen schwarzen Tuch und hielt sich dann bis heute – beim Priestertalar und der Anwaltsrobe, beim Smoking und dem kleinen Schwarzen für die schicke Dame. Daneben gilt Schwarz auch als Farbe der Abgrenzung, der Individualität, der Intellektualität – ob in den Kellerbars der Existenzialisten der Fünfziger oder den Kultur-TV-Talkshows unserer Zeit.

Aber Schwarz hat durchaus auch negative Anklänge: *Schwarz* ist urverwandt mit lateinisch *sordidus = unsauber, niederträchtig, gemein*, also alles andere als sympathisch, liebenswert, rechtschaffen. Man arbeitet schwarz, fährt schwarz, handelt schwarz, brennt schwarz, hört schwarz, schlachtet schwarz. Am *Schwarzen Freitag* sah die ganze Welt schwarz, und bis heute fließt *schwarzes Geld* auf *schwarze Konten*. „Ihrer Taten *schwarzes Bild* ist vor meinem Blick enthüllt", hieß es schon bei Goethe. Und dass jene schwarzen Gesellen nichts Gutes im Schilde führten, können wir ohne Schwarzmalerei voraussetzen. Womit wir wieder bei den Gesellen vom *Schwarzen Block* wären, denn deren schwarze Gesinnung steht außer Frage. Schwarz war – nicht zu vergessen – immer auch die Farbe der Anarchisten.

Ob all dieser Schwärze könnte man fast melancholisch werden, und da fällt noch mal ein einschlägiges Stichwort an: *Melancholie (melas = schwarz, chole = Galle)* ist in der Antike die *Schwarzgalligkeit,* ein anderes Wort für Schwermut. Anders als die alten Griechen weiß man heute, dass die Galle natürlich nicht schwarz wird, wenn man traurig ist. Man sagt nur manchmal, dass sie einem überläuft. Vor Wut. Zum Beispiel angesichts eines *Schwarzen Blocks.*

Bei *ganz* heißt es
ganz gut aufpassen

Kennen Sie das Gedicht „Über den ganzen Gipfeln ist Ruh, in den ganzen Wipfeln spürest du kaum einen Hauch, die Vögelein schweigen im Walde, warte nur, balde, ruhest du auch"? Sie können es so nicht kennen, weil Goethe sich eines korrekten Stils befleißigte. Er schrieb bekanntlich „Über *allen* Gipfeln ist Ruh, in *allen* Wipfeln spürest du…". Aber Goethe ist leider nicht mehr das Maß aller Dinge. So hört man dann schon mal im Radio: „Die *ganzen* Wälder rund um Los Angeles stehen in Flammen".

Das Adjektiv *ganz* ist etwas ganz besonderes. Erstens kann man es nicht steigern: *ganz – ganzer – am ganzesten* ist Nonsens. Zweitens kann *ganz* je nach Betonung mal eine verstärkende Bedeutung haben, mal eine abschwächende: „Das Mädchen ist *ganz* hübsch" will etwas anderes aussagen als „Das Mädchen ist ganz *hübsch*" Und drittens kann *ganz* im Sinn von *alle* als Mengenbegriff bei Substantiven keinen Plural bilden. „Die *ganzen* Feuerwehrleute wurden ins Krisengebiet geschickt" geht allenfalls in der saloppen Umgangssprache durch. Korrektes Deutsch ist: „Alle Feuerwehrleute wurden ins Krisengebiet geschickt". Dass *die ganzen Feuerwehrleute* irreführend ist, merkt man ja schon an der Umkehrung: Mit *halben Feuerwehrleuten* lässt sich nicht löschen… Was uns aber zu der Ausnahme führt: Soll nämlich durch *ganz* die *ungeteilte Vollständigkeit* ausgedrückt werden, so kann man es sehr wohl im Plural einsetzen: „*Ganze Wälder* sind schon abgebrannt" will sagen: Nicht alle, aber *ganze Waldgebiete als intakte Einheiten* sind schon abgebrannt. Ganz schön verzwickt.

Wenn Goethe schon eingangs verhunzt wurde, so soll es auch ausgangs gestattet sein. Und zwar mit den Worten von Joachim Ringelnatz, der das Ganze so sah: „Drüben am Walde kängt ein Guruh. Warte nur balde kängurst auch du." Die ganzen Verehrer, pardon, alle Verehrer des Herrn Geheimrats mögen verzeihen.

Das war's.
Und tschüss!

„Und tschüss!" war vor einiger Zeit der Titel von Robert Atzorns Abgesang als Hamburger „Tatort"-Kommissar. Das führte damals zu Fragen von Lesern, was dieses *tschüss* – manche sprechen auch ein lang gezogenes *tschüs* – denn eigentlich bedeutet. In aller Kürze: Ursprung des früher nur niederdeutschen *atschüs*, heute allgemein gebrauchten *tschüss* ist ein Abschiedsgruß von Seeleuten in Anlehnung an das spanische *adiós*, das sie überall auf den Weltmeeren hörten. Damit ist es verwandt mit dem französischen *adieu*, geht wie dieses auf das lateinische *ad deum* zurück und heißt wörtlich *zu Gott* oder im übertragenen Sinn *Gott befohlen!*.

So weit, so fromm. Wer nun allerdings glaubt, das italienische *ciao*, das bei vielen Zeitgenossen dem *tschüss* schon längst den Rang abgelaufen hat, stamme aus der gleichen Wurzel, liegt falsch. *Ciao* kommt von *schiavo* = *Sklave* und bedeutet eigentlich *Ihr Diener* im Sinn von *gehorsamst*.

Das war's. Und tschüss!

Der Autor:
Rolf Waldvogel

Rolf Waldvogel wurde 1944 in Sulzburg (Kreis Breisgau-Hochschwarzwald) geboren und wuchs in Staufen auf. Nach einem Philologie-Studium in Freiburg kam er 1972 zur Schwäbischen Zeitung. Bis 1975 arbeitete er als Kulturredakteur in Ulm, um dann nach Leutkirch in die Zentralredaktion zu wechseln. 1980 wurde er Ressortchef der „SZ am Sonntag". Von 1990 an leitete er schließlich bis zum Ausscheiden in den Ruhestand Ende 2008 die Kulturredaktion.

Schwerpunkte seiner Arbeit waren Kulturpolitik, Kulturgeschichte, alte Kunst und Literatur. Im Frühjahr 2006 startete er unter dem Titel „Sprachplaudereien" eine wöchentliche Kolumne zu Themen rund um die Sprache.

Die Illustratorin:
Tanja Hanser

Tanja Hanser, geboren 1971 in Friedrichshafen, studierte an der privaten Hochschule für Kunsttherapie in Blaubeuren. Heute lebt sie als freie Illustratorin und Kunsttherapeutin in Ulm. Sie bebilderte bereits mehrere Bücher, und auch Kalender-Illustrationen gehören zu ihren bevorzugten Arbeitsfeldern.

Register

Abc-Schützen 147
als/wie (Komparativ) 149
Alternative 64
Analogbildungen 35, 68, 79, 107, 118
andenken 118
Anglizismen 9, 18, 36, 40, 47, 51 f., 53, 67, 103, 110, 118
Apostroph 23
arabische Lehnwörter 120 f.
Bär 13, 57, 122
Befindlichkeit 86
Benediktbeuern 145
Bibelsprache 55 f.
Bindestrich 63
Blähwörter 86
Blaukraut/Rotkohl 69
Brecht, Bertolt 23, 48, 112
Brezel 75
Bubenspitzle 135
bumsen 92
Busch, Wilhelm 75
Bush, George W. 76, 124
Carmina Burana 145
Chemie 120
Ciao 154
Dativ statt Genitiv 23, 38
Dot 147
erinnern, sich erinnern 113
Demut/Hochmut 61
Denkmal/Denkmäler 25
der/die/das (Geschlecht der Substantive) 61, 124, 131, 143
die gleiche/dieselbe 133
dieses/diesen 35
du/Du 108

Eldorado	81 f.
E-Mail	129
erschrecken (starke und schwache Verben)	93
Event	103
feminine Formen	131
Fisimatenten	47
Flussnamen	95
französische Wörter	12, 17, 21, 43, 47, 64, 105, 112, 126, 129
Fremdwörter	14, 17, 18, 36, 45, 47, 53, 64, 79, 97, 98, 101, 103, 105
Fugen-s	63
Fußballersprache	91
ganz	153
Gardinenpredigt	111
Gebaren	46
Gebrüder Grimm	25, 62, 77, 86
Gehalt, der oder das	124
geil	92
Gelbfüßler	89 f.
Genitiv-s	23, 38, 63
Genosse	71
Geschlecht der Substantive	124, 131, 143
geschlechtsneutrale Personenbezeichnung	131
Goethe, Johann Wolfgang	25, 151, 153
Graffiti	97
grammatikalisches Geschlecht	143
Grass, Günter	23, 107
grottenfalsch/krottenfalsch	77
grüne Seite	127
Gugelfuhr	89
hängen (starke und schwache Verben)	94
Heidegger, Martin	86
Hörfehler, Verhörer	12, 83
Hype	103
I-Dötze	147
Inversion	40
Jalousie	112

Jägersprache	141
Je – umso	31
Kahn, Oliver	124, 149
kausative Verben	93
Kerr, Judith	118
Klinsmann, Jürgen	111, 149
Knut (Vorname)	122
Köhler, Horst	40
Komparativ	31, 149
Korsos	79
kosten	113
krottenfalsch/grottenfalsch	77
kündigen	113
Ländernamen	137
Linsengericht	56
Luther, Martin	13, 88, 135 f.
Mann, Thomas	73, 88
Markise/Marquise	21
Merkel, Angela	28, 105
Maß, der oder die (Geschlecht der Substantive)	124
Maultasche	135
Mekka	81
Mensch (schwäbisch)	125, 131 f.
Mitglieder/MitgliederInnen	131
Modewort/Modewörter	36, 74, 85, 104, 107, 119
Mörike, Eduard	75
Muckefuck	126
Nationalitäten	137
nichtsdestotrotz	51
nicht wirklich	110
niesen	71
nix/nichts	51
Nonnenfürzle	135
Pizza	79, 134
Pleonasmus	99
Pluralbildung	79, 97

Pluraliatantum	97
Primat, der oder das	124
public viewing	67
rasant	19 f.
Rechtschreibreform	8 f., 18, 36, 44, 71 f., 85, 108, 127, 133, 143
Ringelnatz, Joachim	156
Rommel, Manfred	76
Rotkohl/Blaukraut	69
Olympiade	19
Ordnungszahlen	116
Orff, Carl	145
Ovationen	9, 18, 45
r (Aussprache)	60
Papst Benedikt XVI.	103
Pumpernickel	106
Pustekuchen	99
Referenz/Reverenz	64
renovieren	99
scheinbar/anscheinend	28
Schild, der oder das	124
Schopenhauer, Arthur	34
Schorle	21, 143
Schwaben/schwäbisch	50, 65, 69, 71, 75, 89, 90, 109, 125, 135, 149
schwarz	151
Schwein haben	49
selbst/selber	58
Siebenschläfer	55
Silcher, Friedrich	127
Sinn machen	110, 118
Skimming	53
so was von	85
soviel/so viel	85
Sponheimer, Margit	78
Stabreim	122 f.
Städtenamen	95, 137
Stammvokal	33, 93

standing ovations	9, 18
Stegreif	45
Stentorstimme	118 f.
Süskind, Patrick	86 f.
Superlativ	73
taff/tough	36
Tautologie	99
Teufel	13, 29
Tiermetaphern	13
toi, toi, toi	29
tot-/tod-	42
Tollpatsch	143
tough/taff	36
Trab/Trapp	43
trennbare Verben	139
Troll, Thaddäus	136
trotzdem	51, 88
tschüss	154
Twain, Mark	139
Übersetzungsfehler	11
umfahren/umgefahren	140
un- (Vorsilbe)	115
Unkosten	115
v/Vogel-vau (Aussprache)	15
Verben, starke und schwache	33, 65, 71, 93
verfranzen	26
verhüllende Benennungen	29, 57
Verhörer	12, 83
wegen (mit Dativ oder Genitiv)	38
Weihnachtslieder	83 f.
weil (Satzbau)	40
Wellness	101
Werbesprache	51, 73, 117
winken	33 f.
Worte/Wörter	25
zusammengesetzte Substantive	63